トランスジェンダーとして生きる／目次

日本近現代史とセクシュアリティ　——社会意識や世情から——

山田正行

インタビュー　真木柾鷹

――〝多様な性を生きる人々〟の支援

聞き手・山田正行

インタビューの経緯

二〇〇〇年四月四日、秋田県生涯学習センター（ジョイナス）で、秋田大学教授、保健管理センター所長の苗村育郎による「トランスジェンダーの日記念講演会」が開かれた。三月三日は女の子の祝日で、五月五日は男の子の祝日だから、四月四日は女と男の性別の狭間で生きる人のための祝日にしようという市民運動の一環であった。一般に、性同一性障害[*1]は、概ね二万人に一人、同性愛は三〇～五〇人に一人であると推測されている。ただし、この市民運動はTNJ（TSとTGを支える人々の会）[*2]が提唱したものだったが、理解の低さや差別意識から〝オカマの日〟という別称も使われていたため抵抗感を持つ人も多くいた。

講演のテーマは「セックスとジェンダー——自分らしさの尊厳を求めて」であった。その中で、男―女の区別のためには、性器、身体（外見）、性自認、性指向、服装、性格的性、パートナー指向、家族内役割などの指標があげられるが、それぞれの指標において、男、やや男、中間、やや女、女などの程度に従っ

＊1　性同一性障害
身体や戸籍の性別が〝自分の性別ではない〟と感じるために社会生活が困難になっている状態につけられた疾患名。国内に七千人程度と言われることから、二万人に一人くらいの出生率ではないかと推測される。生物学的性(sex)と性の自己認知(gender)の不一致からくる障害という説明が一般的に知られているが、性別は固定され変わることがないという前提で社会保障制度が作られているために起こる社会システム障害とも考えられる。

＊2　TNJ (Trans-Net Japan)
「TSとTGを支える人々の会」として、一九九六年の埼玉医大の性同一性障害に関する答申をきっかけに発足。主催の森野ほのほさんを中心に、虎井まさ衛さん、野宮亜紀さん、東優子さんなど八人のメンバーで構成される。世田谷区議の上川あやさんもメンバーの一人として活躍されていた、日本で初めての性同一性障害、トランスセクシュアル、トランスジェンダーの支援・自助グループ。
http://www.tnjapan.com/

て、様々なヴァリエーションがあるということが話された。

　この講演と質疑応答が終わった後、真木さんと共に参加していたかほりさんが立ち上がり、近くに座っていた私に「ぼく、男か女か、どっちかわかりますか」とたずねた。私はしばらく見つめたが「わからない」と答えた。かほりさんは再び質問を繰り返したが、やはり私は「わからない」と答えた。その後、かほりさんは自分がインターセックス・半陰陽[*3]であると表明し、それについて説明した。真木さんは、女性から男性への変更をした人（ＦＴＭ：female to male[*4*5]）だった。なお、インターセックス・半陰陽は性の転換とは異なり、それぞれは区別されなければならないが、秋田では同じ自助グループで活動していた（現在も同様に活動を続けている）。

　その後、参加者がほとんど帰ってから、改めてかほりさんと話せる機会があり、私は「誤解されるといけないけれど、少し時間をおいて考えてみると、私は、あなたから男か女かどちらか質問されたが、あなた自身は男でも女でもない、第三の自分を創っているのではないかと思う」と言った。かほりさんは、それに対して何も答えなかったが、反発や拒絶という感じは、身振りや表情には現れていなかった。その後、近くの飲食店で話を続け、かほりさんが三年生を三年

＊3　インターセックス・半陰陽
　身体の性別が典型的な男女のどちらかではない状態で生まれた人で、母子健康手帳では出生時に〝不明〟とされることがある。また、第二次性徴で戸籍とは違う性別の特徴が現れることもある。二千人に一人の出生率と言われるが、両性具有である人は稀で、その人によって様々な身体状態となっている。なお、性別を変更する人は少数で、ほとんどの人は戸籍に登録された性別で過ごしている。

＊4　FTM：female to male
　女性から男性へ性別を変更している人。戸籍や身体が女性とされていても男性としての性自認を持っていたり、女性として生きることに違和感を持ち、男性として社会生活を送っている人。

＊5　MTF：male to female
　FTMとは逆に、男性から女性へ性別を変更している人。戸籍や身体が男性とされていても女性としての性自認を持っていたり、男性として生きることに違和感を持ち、女性として社会生活を送っている人。

していることを知った。[*6]

その時、かほりさんは「モラトリアム」という言葉を使った。私はエリクソンの「モラトリアム」は試行錯誤のための創造的な期間で、小此木啓吾はこれを踏まえた上で「モラトリアム人間」の問題を指摘したと言った。私たちがこのように話している中で、真木さんは鍋料理を「見ていると、ついやってしまう」とつぶやきながら、一人で鍋の盛り付けをしていた。

その後、筆者はこの活動から多く学び、その一部を二〇〇〇年九月の日本社会教育学会研究大会（岩手大学）の自由研究で「性差別に対する女性問題学習からジェンダーの多元的学習への展開」として発表した。しかし、これはまだ第一歩で、さらに深めなければならないと思い続け、今回真木さんにメールでインタビューした。以下は、二〇〇五年六月からメールを交信しあい、まず山田がまとめ、それに真木が加筆修正した。

＊6　かほりさんは後日、私の研究室に来た。その時、私はピエール・ブルデュの *La domination masculine* (Minuit,Paris,1998) を読んでおり「男性支配」について語りあった。二〇〇六年四月現在、国家試験合格と聞く。

生い立ち――「真木柾鷹」を獲得するまで

山田……これから、メールで真木さんについて、いくつかご質問したいと思います。まず、自己紹介をお願いします。

真木……どのような質問が届くのかドキドキしますが、まずは自己紹介を送りますのでよろしくお願いします。その前にあらかじめご了承いただきたいことがあるのですが、私自身の話は性同一性障害やトランスジェンダー*7を理解する上での一助にしか過ぎず、当事者像はとても多様だということです。私が出版に関わった『性同一性障害――三〇人のカミングアウト』を読んでいただければ分かりますが、一人ひとりのセクシュアリティが違うように、性同一性障害やトランスジェンダーもそれぞれ違っています。私は、単なる一事例であることをご理解ください。

自己紹介

一九六六年秋田県生れ。幼少時より自覚する性別が〝女の子〟ではないこ

---

*7 トランスジェンダー　性別を変更したり、変更したいと感じている人達の総称。手術によって身体（sex）を変えたい人、社会的な性別役割（gender）を変えたい人、たまに服装を変えるだけでも良い人など多様である。

とに悩みながら〝女性〟として生きることを模索するが、二〇才を過ぎた頃から心理的ストレスが身体のストレスとなって現れ、月経前緊張症[*8]などのPMS（月経前症候群）を発症。ピルや漢方薬など、女性ホルモンのバランスを調整する治療をするが症状は悪化を辿る。一九九七年に埼玉医大の答申で〝性同一性障害〟を知り、男性ホルモンによる治療を選択。外見が男性化したことからジェンダーを男性に変更し、トランスジェンダーとしての生活をスタートさせる。一般的に知られる性転換症と違い、身体の性に対する違和感は弱く、性別適合手術[*9]などは希望していない。一九九八年に発足させたESTOの代表として、〝多様な性を生きる人々〟のサポートを続ける。

また、以下に文章を寄稿したことがあります。

- 「性的マイノリティの子どもの援助――『ESTO』の活動から」『季刊セクシュアリティ』第一七号（性のアドバイザー講座）エイデル研究所、二〇〇四年
- 『性同一性障害――三〇人のカミングアウト』双葉社、二〇〇四年
- 「NPOの風――リレーコラム『複雑で多様な性』」二〇〇四年六月一九日付『秋田さきがけ新報』

＊8　月経前緊張症（premenstrual tension）
月経前症候群（premenstrual syndrome―PMS）のこと。月経前二週間以内に周期的に発症し、月経開始後に消失する精神的、身体的症状により、対人関係や日常生活が障害される状態。その発症原因は不明。

＊9　性別適合手術
SRS（Sex Reassignment Surgery）の日本語訳。性別再指定手術や性別再判定手術などとも訳されたが、日本精神神経学会ガイドライン第二版から統一された。俗にいう性転換手術のこと。

・「NPOの風―リレーコラム―『一人一人の存在（上）』」二〇〇六年五月一三日付『秋田さきがけ新報』
・「NPOの風―リレーコラム―『一人一人の存在（下）』」二〇〇六年五月二十日付『秋田さきがけ新報』
・「NPOの風―リレーコラム―『「性的指向」と「性的志向」』」二〇〇六年五月二七日付『秋田さきがけ新報』

山田……次に、一つ質問させてください。子供の頃の思い出で、人に話してもいいようなことで、印象深いのがありましたら、お教えください。できれば、今の真木さんに繋がるような思い出がいいとは思いますが、話せる範囲でよろしくお願いします。

真木……小学生三年か、四年頃のことだったと思います。家にあったカタツムリの図鑑を読んだ衝撃を鮮明に覚えています。カタツムリは雌雄同体だということが、性別違和感に悩み始めた私にとって「自分もカタツムリのようだったら良かった」という強い憧れになりました。男か女かで判断され、区別されることのない世界。それが自分にとっての理想となりました。

たぶん、どちらか一方への強い性別帰属感があったなら、カタツムリに憧れることは無かったでしょう。どちらかというと、性転換する魚ということでクマノミに強く魅かれたように思います。クマノミはもともと性別がありませんが、身体の大きな個体が雌や雄になります。でも、雄か雌かであり、また、性別があることが強い権力を持つ魚なので、性転換する魚ということへの親近感以上には、自分に引き付けて憧れる気持ちは持てませんでした。

小さいときから男か女かで判断され、区別される毎日を送り、私は一歳下の弟との不公平感に悩まされていたということなのでしょうか。活発で積極的な子どもだった私が、読書に引きこもるようになったのは、親や周囲から与えられる「女の子はこうあるべき」という圧力への無力感からだったように思えます。ディズニーのアニメ映画のキャラクター「ニモ」に好感を持つ子ども達は、クマノミの生態を知ってどんな感想を持つのでしょう。ちょっとイジワルな質問をしてみたくなります（笑）。

山田……お答えのメールをお読みして、真木さんのペンネームを連想しました。ペンネームの意味や由来などをご説明できませんか。

真木……本名の名前（漢字）が「まき・まさき・まさたか」などと読めることから、当て字で付けました。当初は「まき・まさたか」でしたが、後で「まさき・まさたか」に読み方を変えました。私は、人格的に「まき（女）・まさき（中性）・まさたか（男）」の三人で協力して、一つの人格として生きているという自覚があります。精神的に不安定だと、三つの人格はそれぞれの個性が強くなります。安定していると「まさき（中性）」に統合されます。選んだ漢字についても説明した方が良いでしょうか？

山田……「選んだ漢字」についてお教えください。また、「まき・まさたか」から「まさき・まさたか」への変化はいつ頃でしたか？　そのきっかけは何でしたか？

真木……漢字の選択については、本名の名前にある「真」に加えて自然に関係した文字を選んでいます。真木柾鷹という漢字を並べてみたときに、バランスが取れていると思い採用しました。本人のイメージとは違うと言われますが、自分では気にいっています。真面目で硬い人間だと思われているようですが、外見はフェミニンなのであまりピッタリしないんでしょうね（笑）。

「まき」から「まさき」に読み方を変えたのは、活動一年目の頃でしょうか。女性的な読み方に抵抗を感じて「まさき」に変えました。

山田……次に、これまでの人生で、影響を受けた人物や出来事などがありましたら、お教えください。

真木……影響を受けた人物としては、X JAPANのヨシキ、ラルクアンシエルのHYDEです。どちらもビジュアル系ロックバンドのメンバーです。当時は、女性的な衣装、ロングヘアに化粧で、自分の理想とする男性像として衝撃的な存在でした。後は、美輪明宏さんなど、性別を超越した美しさを誇っているような男性に魅かれます。

上記の人たちとは別に、俳優の織田裕二にもとても魅かれます。男性としての理想なのでしょう。逆に女性としての理想は、銀河鉄道999のメーテルです。小学生の頃から松本零士ファンでした。それと、ドラキュラやエリザベート・バートリーについての文献は夢中になりました。また、日本人として魅かれるのは、上杉謙信（FTMだったとの噂もあります）です。

山田　何故ドラキュラですか？　エリザベート・バトリーとはどういう人ですか？

真木　エリザベート・バトリーは女性の生き血によって若さを保とうとしたことで「血まみれ伯爵夫人」と呼ばれた一六世紀末のハンガリー女性です。何故ドラキュラ公やエリザベート・バトリーに魅かれたかというと、どうしても自分の存在が日の当たる側に立っているとは思えなかったからでしょうか。また、獣にも鳥にもなれない「コウモリ」に、カタツムリと同じように自分のイメージが投影されるところがありました。コウモリに縁のあるドラキュラなどは、共感する他者を持てずに手の届かない願望を抱えた孤独な心を慰めてくれる存在でした。また、織田さんもメーテルも影のあるキャラクターに思えるので魅かれてしまうのだと思います。自分でも暗い性格だと思います（笑）。

さて、次に出来事について述べましょう。まず一九九七年に埼玉医大の性別適合手術（病気治療の名目で実質的に性を転換した手術）のニュースでＧＩＤ（Gender Identity Disorder）[*10]を知ったことが挙げられます。他にもたくさんありますが、何を話したら良いのか迷います……。本に書いたのとは

＊10　ＧＩＤ（gender identity disorder）
ＧＩＤの日本語訳が、性同一性障害。本書、六頁。

別のことが良いのでしょうね。今日は頭が疲れすぎてるせいか思い浮かばないので、明日にでもまたメールいたします。申し訳ありません（汗）。
＊以上は、〇五年一〇月一七日のメール
書き出したら止まらなくなりました……（翌一八日）。すみません。

〈幼少時～中学校時代〉

• 親から、私が母のお腹の中に忘れてきたものを弟が付けて出てきたと笑いながら言われる。
• 生後一〇ヶ月頃に鎖肛[*11]の手術をしてくれた形成外科医から、何でも思い通りにしようとする怖い子どもだったと、二〇代で鎖肛のケア手術を受けたときに聞かさせる。
• 小学校一年のとき、保育園で好きだった女の子の家に遠足帰りに遊びに行き、迷子になったと近所総動員で捜索される。
• 小学校一年のとき、おんぶをして階段を上り下りする遊びがあり、背負ってくれる男の子を好きになる。その後、女子・男子と交互に恋愛感情を抱く。
• 小学四年（?）、自宅にあったカタツムリの図鑑を見て、自分もカタツムリ

＊11　鎖肛
出生時に腸や肛門が閉じた状態で生まれる形成異常。五千人に一人の頻度で発生。外科手術によって排便・排尿の障害や性器機能の障害が残らないように治療される。

だったら良かったと思う。現在もその感情は継続中。

・小学五年、仲の良かった女の子を守ろうとする気持ちが強く、弱い者いじめをする子ども達が許せなかったが、中学生になると女の子に対するからかいの気持ちでイジワルをしたこともあった。

・小学五年、男子生徒からイジメを受け抵抗したために殴られる。女子生徒全員にかばわれ、ショックのために女子生徒を避けるようになる。

・中学、もともとクラスに友達は少なかったが、小学五年から多読傾向になり、読書に没頭する。暇があれば図書館にいるようになり、人づき合いは避ける傾向が強くなる。

・中学二年（?）、文化祭の準備で居残りをしていたとき、クラスの男子生徒から〝自分を女だと思うか〟と聞かれ〝自信がない〟と答えると、〝やっぱりな〟と言われる。なんとなく感じていた性別違和感をはっきりと自覚する。

〈高校時代〉

・女子高へ進学。理由は、市内でアニメーション研究同好会があったのはその高校だけだったことと、受験勉強をしなくても確実に入学できるレベルの高校と言われたため。

・高校一年、アニメ番組のおかげで仲良くなったMへ強烈な恋愛感情を覚える。その後、三〇歳を目前に縁を切るまで泥沼のような友人関係が続く。

・全校生徒が集まる集会のときは、一人腕組をして立っていることを指摘される。女子生徒だけの環境の中で自分の身を守りたいという感情が強かったためか？

・Mに対する恋愛感情は、女性として女性を好きになったものではないことを自覚。レズビアンとの違いを意識的に感じる。

〈二〇代〉

・二一歳、Mを幾ら好きでも結婚できないことに悩む。空手を始めるが、身体を鍛えても男性になるわけではないと思い足が遠ざかる。

・二二歳、ストレスから月経が停止。乳腺症の痛さに、一年後、婦人科を受診。婦人科医に驚かれ、注射（痛みを緩和する注射だと思ったが、後で月経を誘発するものだったと分かる）をされるが、月経はその後も半年は停止する。精神的な安定を取り戻すと月経は再開したが、月経前緊張症の症状が強まっていく。

・Mに対する葛藤から、両親との争いが酷くなる。特に父親とは一切会話をしなくなる。〝化け物のように気が強い〟と母と弟に嘲笑される。

・二五歳、アパートを借り、Mの居る秋田市へ転職。Mと喧嘩と絶交を繰り返しながら、友人と恋人の中間のような微妙な関係が続く。

・二九歳、Mとの共依存関係を終了。秋田市から実家へ戻る。

〈三〇代〉

・月経前緊張症から起こる眩暈、立ちくらみ、乳房の痛みなどが酷く、婦人科医をはしごする。

・中通病院（秋田市内の病院）で治療を受けるが、女性ホルモン治療の副作用で症状が悪化する。考えられる治療は男性ホルモン投与と聞くが、男性化して生活を続けることに自信が持てなかったため保留する。

・テレビで埼玉医大がＧＩＤ治療を始めたことを知る。自分のことと思い、インターネットを導入し、情報収集を始める。

・東京で行なわれたＴＮＪの勉強会に参加。原科先生から進められたことで埼玉医大へ受診。あべメンタルクリニックの紹介を受ける。

山田……途中ですみません。ＴＮＪとは何ですか？

真木……ＴＮＪ（Trans-Net Japan）は日本で最初のトランスジェンダー支援の自助グループで、「ＴＳ（トランスセクシュアル）とＴＧ（トランスジェンダー）を支える人々の会」です。簡単に説明すると、ＴＳは身体への違和感が強く性別適合手術を望む人、ＴＧは社会的な性別を変えたい人です（本書、六頁の脚注参照）。それでは続けます。

- あべメンタルの受診と同時に、秋田大学病院の精神科に受診。月経前緊張症の治療として男性ホルモン投与を申請。阿部先生と原科先生の許可をもらい、秋田大学病院婦人科でのホルモン投与を開始。
- 原科先生が招かれた日本文化デザイン会議で真性半陰陽のかほりさんと出会う。交際をきっかけにＥＳ—Ｔ東北（現在のＥＳＴＯ）を発足。
- かほりさんとの同居のために秋田市にアパートを借りる。
- 男性化に伴い、会社内での立場を移行していく。制服から作業着への変更、通称名の使用、精神科への受診の申告、ＧＩＤを理由に男子職員への変更願いが受理される。また、会社と社会保険事務所との相談により健康保険証の性別欄を男性に変更してもらうことが許可される。

- かほりさんのうつ状態への対応疲れから交際を終了。その後、二年間は同居生活を続けるが立ち退きを迫り、絶縁状態となる。
- ＦＴＭに対する性的指向を自覚、ヘテロセクシャルＦＴＭへの失恋により男性化した自分に悩む。
- 同性愛関係のイベントで、ＦＴＭゲイ（女性から男性へ性別変更し、なおかつ男性への性的指向がある人）との出会い。交際を始める。
- ゲイとしてのパートナー関係により精神状態が安定。男性よりの中性としての性自認を自覚（本書、四十頁以降参照）。
- パートナーとの事実婚関係を会社と両親へ報告。
- ＥＳＴＯの活動拡大への欲求と会社員として働くことの限界を感じ、退職。フリーな立場で活動の展開を模索する。
- 現在、バイトを掛け持ちしながら生活し、社会的な立場を中性へと移行を進める。

以上です。

山田……これまでたびたび出てきましたＥＳＴＯについてご説明ください。

真木……ＥＳＴＯは、一九九八年に発足し、性同一性障害／トランスジェンダー、半陰陽／インターセックス、同性愛／レズビアン・ゲイなどの人達を対象としたサポートと「性に関することは人としての権利である」ことへの理解を求める活動を行っている全国を対象としたＮＰＯ（非営利組織）です。法人格はまだ持っていません。会員は全国に一〇〇人ほどで、多くはトランスジェンダーの方です。その次に多い登録者は支援者となっています。

山田……それでは次に、以前、京都の精華大学四年生が秋田に来たときに[*12]、真木さんが語ったと記憶していますが（先述の高校時代からの印象に残った出来事の一つ）、青年期にある〝男性〟と出会い、初めの五年間は女としておつきあいしようと努力し、次の五年間は葛藤を繰り返し、最後の五年間は何とか分かれようと努力したという体験です。決して好奇心で質問しているのではないことをおわかりください。シェークスピアの『ロミオとジュリエッ

＊12　二〇〇〇年五月一三日一〇時から一二時に、秋田大学教育文化学部で、真木と山田を含めて五人で談話した。

ト』、ゲーテの『若きウェルテルの悩み』と同じくらい悩まれたのではと真摯に考えて質問しております。直ぐにというのではありませんが、お教えいただけば幸いです。

真木……ご質問の話ですが、相手の方は〝女性〟でした。高校一年(女子校)で同窓生として知り合い、卒業後も友人として付き合いました。二二歳のときに告白しましたが、激しく拒絶されました。しかし、その後も喧嘩しながらも友人関係が続き、プラトニックとしては恋愛感情を認めてもらったものの、それ以上の発展はありませんでした。二九歳のときに共依存となっていた関係を解消し、それ以後は一度も会ったことがありません。

今から振り返ると、私は彼女をモデルとして女性を演じていたように思います。彼女は、〝あなたには別に好きな人がいる〟とずっと私を非難してきましたが、私の性的指向は男性により大きく傾いていますし、彼女とは肉体関係には発展できませんでしたので、愛情の対象であったものの性的欲求の対象ではなかったのだろうと思います。

複雑な話では、私は「ネコ(受け)」[*13]のため「タチ(攻め)」[*14]ではなかった彼女とは性的関係を築くことは難しかったのかも知れません。しかし、も

＊13 ネコ(受け)
主にレズビアン・ゲイ・バイセクシュアルなどの間で使われる言葉で、性行為の役割が受動的な人。

＊14 タチ(攻め)
性行為の役割が能動的な人。ネコの対語。

し彼女が「タチ」だったとしても、私にはレズビアンとしての関係には拒絶感がありますので、彼女に求められていたら私の方から拒んでいたと思います。

現在の私のパートナーはＦＴＭ（女性から男性へのトランスジェンダー）ですが、彼の内面はどこにでもいるオジサンです。二歳年上で保護者的な性格でもあるため、私にとっては落ち着ける関係となっています。この場合の二人のアイデンティティは「ゲイ」で、戸籍上はどちらも女性ですが、社会的にはゲイカップルとして生きることで意見が一致しています。「レズビアン」といわれることには、お互いに否定的な感情を持っています。

なお、私の性自認は〝男性〟から変化して、現在は男性でも女性でもなく〝不明〟となっています。それほど「真摯に考えて質問して」くださらなくても、出来る限りお答えしたいと思っています。しかし、私を理解しようと聞けば聞くほど分からなくなるのではと危惧しているのですが……

n個の性――多様な性愛のかたち

山田……このお話についていろいろと考えました。「私は彼女をモデルとして女性を演じていたように思います。彼女は、〝あなたには別に好きな人がいる〟とずっと私を非難してきました」という部分で、前者は真木さんの「女性」になろうとする努力と理解できますが、後者の〝あなたには別に好きな人がいる〟という点は、真木さんの誠実さを考えれば、内的な人と推論できます。そうだとすれば、真木さんは、内的な真木さんを「好き」だったということを感じ取っていたと言えます。

このように推論してきたとき、私は、フロイトが「セクシュアリティに関する三論文[*15]」の初めの部分で、「同性愛」をナルシシズムで捉えている部分を想起しました。つまり、「同性愛者」は〝もう一人の自分に、自分が受けたいと願う喜び、優しさ、安楽などを与える〟という自己愛で自分自身を愛するから、自分と同じ性の相手を選ぶというわけです。

このような理解は一世紀も前のことですし、セクシュアリティは個々で

＊15　「性欲論三篇」『フロイト著作集』第五巻、人文書院、一九六九年、一六頁。この前で、フロイトは古代ギリシアの男性の愛童を取り上げ「身体的には（性器は）男性であるという制約を堅持したうえでの男性を求める興奮と女性を求める興奮との妥協であり、いわば、自分自身の両性的本性の反映」であると述べてもおり、ナルシズムだけの同性愛理解ではないが、その枠組みは「性対象倒錯」である。

多様ですから(二〇年以上前に「n個の性」[*16]について耳にしました)、画一的に真木さんに当てはめるべきではないと承知しています。それで、お聞きしたいことは、このようなフロイトの考えを、真木さんはどう思いますか?

また、「同性愛」について、どうお考えですか。一般の読者を念頭にして、分かりやすくお考えを説明していただけますか?

真木……まず、前者の解釈は正しいと思いますが、後者の解釈は、「彼女は〝自分が他人に好かれていない〟と感じる自己肯定感の低い人だったために、誰か別の人を好きな気持ちを勘違いしていると思っていた。または、女の自分(彼女)を、女の私(真木)が好きになるハズはないのだから、自分に向けられた恋愛感情は勘違いで、本当は男の人を好きになるはずだ」といった解釈になると思います。なので、私が内的な自分を好きだったために、後者のセリフが出てきたとは思えません。

次に、フロイトが「同性愛」をナルシシズムで捉えている点についてですが、確かに私にはナルシシズムがありますし、他の人にも感じることがあります。しかし、それが相手を選ぶときの心理には働いていないように思います。というのは、私の理想の男性像は俳優の「織田裕二」ですが、恋人にし

＊16　吉本隆明、芹沢俊介『対幻想——n個の性をめぐって』春秋社、一九八五年。二人の「n個の性」の観念はジル・ドゥルーズとフェリックス・ガタリに由っている

たいタイプは俳優で言えば「中村梅之介」だからです。若い人には分からないですね。初代「遠山の金さん」を演じた方で、中村梅雀さんのお父さんです。ちなみに、私の今のパートナーは中村梅之介タイプです。これには、ナルシズムは関係が無いように思います。また、私のパートナーやゲイやレズビアンの人たちを見ても、恋愛感情はナルシズムの故とは思えません。ナルシズムであるならば自分に近いタイプを選ぶと思うのですが、逆にお互いの足りないものを補い合うカップルの方が多く見られます。

私には、女性特有の感情の傾向に生理的嫌悪感があって、それはMやかほりさんと別れる要因にもなっています。ただし、女性の肉体は好きで性的欲求を感じるときもありますが、感情的には恋愛に結びつきにくいのです。また、男性の肉体に対しては、汗や独特のアンモニア（男性）臭に対して生理的嫌悪感があります。私が「男性性」を好きな理由は、感情の動きに対する共感や安心感があるからだと思いますが、体臭には生理的嫌悪感があって、その結果としてFTMをパートナーに選んでいるのだと思っています。ただし、FTMでもアンモニア（男性）臭を持っている人がいて、人格的に好ましくても性的対象にはなりにくいと思う人もいます。

上記のようなことからフロイトの考えは正しいとは思えません。その上で、「同性愛」について考えを述べますと、「同性愛」は生物学的な身体に対する脳の欲求であって、心理的なものではないように感じるときがあります。自分の感覚では、〝脳〟にプログラムされた性的欲求の問題です。一見、同性愛は心理的な問題に見えますが、実は、心理的な作用としては、同性愛者なのに社会動向や慣習に合ったパートナーとして異性を選ぶときに当てはまるように思います。同性愛者の同性への性的欲求は、異性愛者の異性への性的欲求と同じように説明がつかないものです。なぜ〝「その相手」を選ぶのか？〟は多面的に考えなければならないものであって、非常に説明がしにくいと思います。

そもそも「同性愛者が、何故、同性を愛するのか？」を考えるためには、まず「異性愛者は、何故、異性を愛するのか？」を解明し、説明が出来るようになっていなければならないと思います。

こんな説明で、一般の人に分かるでしょうか……（汗）

山田……とても丁寧にありがとうございます。ところで、私も「アンモニア臭」

がすると思いますが、私はどのようにすればいいでしょうか？　また、真木さんもいろいろな状況で「アンモニア臭」のする方と共同して何かをしなければならないと思いますが、その時の心構えなどあるのでしょうか？　差し支えなければ、よろしくお願いします。

真木……「アンモニア臭」と言いましても、日常生活上で気になるということはあまりありませんので、それほど気になさらないでください。私の嗅覚は普通の人間並みですし、それほど生活に支障のある場面に出くわすということもなく過ごしています。このお話を出したのは、私がパートナーを選ぶときの選択の一つということですので、山田先生との交際を考えているなら話は別ですが、現在はそのようなお話はありませんので（笑）、特に心構えはなさらなくても大丈夫です。

それに、以前に遺跡発掘作業をしていたときは、五〇人ほどの男性とプレハブの作業所で仕事をしていました。そのような環境でも「アンモニア臭」が問題になることはありませんでしたし、この話は深く考えなくても良いのではと思います。

問題があるとすれば、山田先生がお付き合いされる方が、先生の体臭が苦手だと訴えられたときに発生するのでしょう。私にとっては、心身ともに女性の方でも「アンモニア臭」の酷い人もいます。特に男性に限った問題ではありませんし、夏場とかは困ることがありますが、普通に生活している状態では気を使われるようなことではないと思います。あまりお気になさらないでください。

山田●●●●●安心しました（笑）。話はすこし大げさになりますが、このようにお尋ねしたのは、「臭い」はアイデンティティに関わる、しかも、人間の始源に遡ってアイデンティティを考えさせるものと思うからです。動物にとって「臭い」は縄張りの主張、つまり〝おれは（わたしは）ここにいるぞ〟という自己主張です。つまり、「臭い」は動物にとってまさにアイデンティティの重要な要素です。そして、このために排泄物が使われます。

次に、人間について見ると、排泄物は、他人のものはガマンできませんが、自分のものは何とかガマンできます。また、ある種の親しみさえ覚えさせます。そして、家族のものが、これに次いでガマンできます。そうでなければ一緒には暮らせません。

ところが、夫婦の間で、相手の浮気が発覚しますと、それまで受け入れていた「臭い」が、どうしてもガマンならなくなる場合があります。発覚の前と後で「臭い」が違うわけではないのでしょうが、前と同じようにガマンできなくなるのです。体臭でもそうです。こうして、寝室を別にするなど家庭内別居へと進むことにもなります。もちろん、地位、財産、世間体等々で、何とかガマンしようと努力する人もいますが、自分をごまかせないのが「臭い」です。それでも、忍耐力や克己心の強い人はガマンできるでしょうが、それはどこか偽善的で、ストレスの強い虚飾の生活を送ることになり、様々に発散しなければなりません。このようなことを考えたので、つい「アンモニア臭」についてお尋ねしたのです。

同時に、先の真木さんの「同性愛」に関するご説明を読み、おそらく、これは人類的な課題なのだろうなと感じました。〝何故、異性愛なのか〟の問題に対しては、種の保存のためという解答が出されるでしょうが、人類について考えれば、本能の制約から抜け出し、後天的な学習の能力を身につけたのが人類の始まりですから、これを発展させれば、種の保存の本能を理由に異性愛を説明することは矛盾になるでしょう。しかも、様々な生殖テクノロジーやクローン・テクノロジーの発展で、生殖活動なしに種は保存できるようにさえなっているのです。ですから、今の小生のとしては、同性愛にせよ、異性愛にせよ、自分は自分だというアイデンティティに従ってパートナーを選べばよく、また、それが可能な時代になったと考えています。そんなわけで、かつて耳にした「n個の性」が妥当なところかなと思っています。どう思いますか?

真木……人類的な課題と「n個の性」には、とても共感します。社会システム上、性別についての制約を受ける状況にはありますが、アイデンティティに素直になれば性別より「個性vs個性」だと思います。アダルト関係の雑誌などに見られるような、女だったら誰でもOK、男だったらどんな人でも良い、という人は現実にはいないと思います。パートナーを選ぶときには、性別の他に年齢や容姿や性格などの好みの問題も考慮されるでしょうし、それは同性・異性間でも同じことが言えます。

「ジェンダー」を変えてから

山田……真木さんは仕事を続けながら性を転換させ、職場の人たちは驚いたり、当惑したりしながらも、真木さんの変化を認めていたと思います。これについて、もう少し詳しくお教えください。

真木……まず、「性の転換」となると性別適合手術を受けて「身体の性を変更した」という意味になりますが、私の場合は名前や社会的な立場を変更しただけです。ですから、「性別の変更」になるのですが、戸籍の性別変更のためのGID特例法[*17]が成立してから「性別の変更」は「戸籍の性別の変更」を指していると捉えられてしまうので、自分の状態をどう説明するべきか困っています。

いずれにせよ、性別を変えたことについて言いますと、秋田市の中小企業に就職して九年目に、女子社員から男子社員へ変更していただきました。埼玉医大の性別適合手術が開始されたのが九八年で、私の性同一性障害の精神療法、ホルモン治療も九八年に開始しました。二〇〇〇年に家庭裁判所への

＊17　GID特例法
性同一性障害者の性別の取扱いの特例に関する法律のこと。二〇〇三年七月一六日に公布され、翌年の同日から施行された。GID特例法は二〇〇六年三月時点で三〇〇人以上に性別変更が許可されたが、子どもがいないことや生殖不能であることなど、五つの厳しい要件が科せられている。

申し立てにより名の変更の許可がおり、その後、男子社員の作業服の着用許可、男子トイレ・男子ロッカーの使用の許可もいただきましたが三年後に退職しました。勤続十二年目のことでした。

社内の人たちが私の状態を受け入れてくれたのは、私の仕事が専門職で代わりの人を探すことが難しく、解雇することが出来なかったことや仕事への信頼関係があったからだと考えています。内心はどうであれ、男子トイレやロッカーの使用について苦情は出なかったようです。また、性同一性障害であることへの同情的な視線もあったのではないかと思います。一部の社員を除いては受け入れ姿勢も悪くはなく、性別変更後もごく普通に社内で過ごしていました。

しかし、性別を変更したところで、もともとの性別を知っている人達の見る目は変わりようがなく、また入社して日の浅い社員からの偏見や同じ年頃や年下の男性達との給与や昇進の格差、男性か女性かを強制しようとする社会的な圧力やどちらの性別であるかを探ってくる人の心に耐え切れないところもありました。そういったことから、ＥＳＴＯの活動をもっと多くの人に知ってもらいたい気持ちが募り、活動に力が入るようになりましたが、仕事と活動の両立は難しく、活動を優先したいとの思いから退職を選びました。私を悩ませてきた問題の多くはジェンダーに関するもので、身体の性別に関することではありませんでした。私にとって、「ジェンダー」はとても根深く、難しいものだと感じています。

山田……丁寧な説明をありがとうございます。細かいことですが、確認させてください。就職は八九年だったのでしょうか？　また、専門職ということですが、差し支えない限りで、どのような専門職でしょうか？　最後に、私の印象ですが、当初は周囲も〝ジェンダーの変更（真木さんの説明で、この表現が適当かなと思いました。いかがですか）〟を受け入れてみましたが、それが次第にとても「根深く、難しい」問題だと感じるようになったという感触を得ました。トイレやロッカーの使用、仕事を離れたつき合いなどで、違和感が少しずつ蓄積すると、人権や尊厳の意識が十分に確立していない人は、偏見や蔑視に流されてしまいます。

真木……はい、それでは、以後は「ジェンダーの変更」という言葉を使って説明させていただきます。なお、ジェンダーだけでなく戸籍変更や身体への手術を含めて話す場合は、「性別変更」の方を使うようにします。

そうですね。今でも性別変更をしていることを話しますと、非常に興味本位で見世物を見るようにご覧になる方がいます。私はそのような視線を立場上、受け止められるようになりましたが、多くのトランスジェンダーの方たちは性別変更をしていることに非常に神経質になっていますので、そのような失礼なことは止めていただきたいと思います。また、興味本位で他人を見ていることを恥ずかしく感じないのだろうかと不思議に思います。

さて、測量会社への就職は、一九九一年のことでした。専門職として、パソコンで図面を描くＣＡＤオペレーター[*18]をしていました。その当時、測量ＣＡＤを扱える人が一人だけだったので、社内でＣＡＤが出来る人を増やすために雇用され、男性社員が社外で測量をしてきて、女性社員がそれを図面にしていく連携作業で仕事が進められました。しかし、私は現場作業を行うことなく図面を作成していることが不満で、社外に行きたいと思うようになりました。その気持ちには、他の男性と同じように仕事をしたいということと、専門職としてキャリアを上げるため知識を増やしたいという二つの欲求がありました。後に女性で測量作業を行う人も採用されましたが、社内の

＊18　ＣＡＤオペレーター
ＣＡＤは「Computer-aided design」の略。パソコンとＣＡＤソフトを使って、設計者の原図に従って、工業製品や部品、建造物の設計・デザイン図を描く技術者。建設業界だけでなく、測量、航空機、自動車、機械、家電、通信、服飾などの分野でも活躍している。

感覚は相変わらず男性は外勤、女性は内勤というものでした。会社の上層部は、女性にも測量作業を覚えてもらおうとしましたが、現場に出ることに女性社員たちが抵抗をしましたので立ち消えになってしまったと記憶しています。その中で、社内でジェンダー変更を進めながら私は男性社員と同じように現場に行くことを実現させ、立場の安定に努力していました。しかし、測量の仕事を一生続けて行くことは自分にとって本当にやりたいことではないと感じるようになり、またＥＳＴＯの代表として当事者サポートを続けるうちに、次第に安定した会社員で働くことにジレンマを覚えました。会社員のままではジェンダー変更して就職活動を行うことの実践的なことが分かりませんし、測量以外の仕事もしてみたいと考えるようになりました。

いろいろな社内での動きや個人的な心境の変化が重なり、二〇〇三年に測量会社を退職しました。そのときに雇用保険を男性で登録してもらいましたので、失業保険を使い職業訓練に半年通いながら、再就職活動を続けました。職業訓練先の担当教官には事情説明があったようですが、同じクラスの人たちにはカミングアウトはしませんでした。男性として訓練を受け、訓練を修了しました。再就職では事務職を希望しましたが、女性採用を企業側が希望していることから面接さえも断られました。就職活動をしていると、雇用環境での男女格差ということも考えさせられます。男女雇用機会均等法は、雇用側にもハローワーク側にも浸透していないと感じています。

さて、収入がないと生活ができませんし、出張費も人件費も出ないESTOの活動を続けていくこともできませんので事務職はあきらめ、期間雇用の遺跡発掘作業員の募集に応募しました。そこで問題になったのが、健康保険や厚生年金に「加入できる」ことでした。雇用保険の性別欄は、すでに男性として登録していたので問題にならず、労災保険に性別は関係ありません。しかし、住民票の提出を求められると戸籍上の性別が明らかになってしまいます。住民票に基づいて健康保険証や年金手帳の性別が登録されていますから、隠したい「戸籍上の性別」というプライバシーが知られてしまいます。そのために、社会保険事務所に相談をして、プライバシーが保護されるように頼み（詳しい説明は支障があるため割愛させていただきます）、社会保険労務士と一部の現場責任者のみ事情説明を受けたであろう状況で、男性として仕事に就きました。就業中は、プレハブ小屋の待機所で五〇人ほどの男性と過ごし、着替えをしたり昼食を一緒に取りました。私は乳房切除をしていたので上半身については問題が発生しませんでしたが、トイレ使用は立位排尿ができませんので、男女兼用の個室を使いました。いつも個室使用だと不審に思われると考え、トイレに行くタイミングには苦労しました（笑）。

余談ですが、性別適合手術を受け尿道延長手術を行ったからといって、立位排尿、つまり立ちションは必ずできるようになるものではありません。手術に過度な期待やイメージを持っていただきたくないと思います。

話を戻しますが、配置された現場が地元だったため父や弟たちの知人もいて、近況を聞かれると適当に話を濁し、私と弟のどちらが長男なのかを誤魔化したことがありました。その他の困ったことには、女性作業員のおばさんたちから「あなたよりも私たちの方が力がある」とからかわれたことがありました。私は小さくて細いので、農作業で鍛えた女性たちには頼りなく思われたようです（笑）。地元の事情に詳しい人は、私の戸籍上の性別に気づいた人もいたかも知れませんが、特に問題も起らず無事に期間満了で退職することが出来ました。発掘作業現場は性別役割分担がはっきりしていましたが、それほど体力や筋力差を問題にされることもなく、団結してみんなで取り組めたためにとても楽しくて充実したものでした。

次に就職したのは訪問ヘルパーでしたが、これは一八歳から三九歳の現在までで一番辛い体験となりました。面接を受け男性として採用されたのは良かったのですが、地元であることからジェンダー変更していることが人伝てに採用担当者に知られました。それでも、男性として雇用したいと言われ、事情説明をした上で就職することになりました。初めは順調に思われましたが、結果的には四ヶ月で退職することになりました。

ここで問題になったのは、採用担当者である同じ年の女性上司が「同性介護」を望む男性利用者のニーズを満たそうと、私の履歴書の性別欄の「男性」をそのまま生物学な性別に読み替えてしまったことではなかったかと思います。男性ヘルパーとして期待されたようですが、並みの女性よりも身長や体重、筋肉も体力もない上、他人に触られることが苦手な私は身体接触のあるヘルパーを続けることが苦痛になっていきました。それでも福祉の仕事を覚えたいと努力をしましたが、失敗や利用者からの苦情が続き上司との軋轢が深まっていきました。

退職する間際に、「あなたは男性でも女性でもなく、中途半端だったのですね」という言葉を上司から言われました。その言葉に、今さら何を言っているのだろうと腹立たしさを感じました。性別に関係なくそれぞれが持っている個体差というものがあります。女性でも体格の良い男性と変わらずに、身体介護が出来る人もいます。しかし、私は男性か女性かの枠組みに入ることができない、心理的にも身体的にも不安定な状態を抱えていました。私のジェンダー変更が知られたとき、上司には「性自認は男女のどちらでもない」とも説明していましたが、書類上や性別役割への期待ゆえに、私個人を見ることがなかったのではと思います。

仕事の割当てや調整でも上司に振り回され、私はパニック障害のような症状と対人恐怖症やジェンダー・アイデンティティの混乱に悩まされるようになり、男性として就業することに限界を感じて鬱状態になってしまいました。もともと私の性別違和感は、身体よりもジェンダーに強くあります。また、性自認は男女のどちらでもなく〝不明〟となっています。それを無理矢理に他者から期待される男女のどちらかのジェンダー・イメージに合わせることは、身体的にも精神的にも負担が大きいことです。それを自覚してからは、ジェンダー・イメージに縛られないよう、中性の記号を多く採用するようになりました。現在は、ジェンダー・アイデンティティの混乱も収まりましたので、男性として期待される場面では男装し、男性ジェンダーを演じられる心境に落ち着きましたが、ヒゲの剃り跡も濃く、化粧をしたくない私は女装することや女性ジェンダーを演じることは、まだまだ実行する気持ちになれないでいます。それが出来るようになったら、自分にとって新境地が開けるのではと考えることがあります。

ただし、私の体験の失敗例は、福祉現場で活躍しているＦＴＭやＭＴＦの方たちやすべてのトランス・ジェンダーに当てはまるわけではないことをご理解いただきたいと思います。この体験は、個人的な問題による失敗であって、特有のセクシュアリティが抱える問題ではないと考えます。

私は現在も個人契約の生活支援のヘルパーとして仕事を続けていますし、その後に就職した塾のバイトは順調に続けています。前回のヘルパーでこりごりした私は性別欄のない履歴書を作成して、塾のスタッフに応募しましたが、雇用主である塾講師の方は私の性別や個人的な事情を聞くわけでもなく、プライバシーにまったく触れず仕事を任せてくれています。塾に通ってくる子どもたちに対しても性別によって対応が違うこともなく、とても居心地の良い環境です。今のところ困ったことと言えば、中学生の男の子たちから「あいつオカマじゃないか?」と疑われる視線や会話があったことや、小学生の女の子たちの「あの先生、〇〇ちゃんのことが好きなんじゃない?」といった囁きを耳にしたことです。もしかしたら、私の聞き間違いや思い違いかも知れませんが、セクシュアリティに関することには必要以上に敏感になってしまうので、ときおり動揺する自分をなだめながらスタッフを続けています。介護事業所にいたときは、プライバシーに触れる話題が多く、私生活に興味を持つヘルパーさんが多くて辟易する場面もありました。このような就業経験から、ジェンダー変更をして仕事をする上で、一緒に働く人たちのジェンダー観やプライバシーへの関与がどの程度かによって、就労環境のQOL(生活の質)が左右されるのだと感じています。

もっとも、これはあるセクシュアリティに特有の問題ではないようにも思えます。性別変更しているかどうかに関係なく、ジェンダー・バイアス[*19]による性別役割の強制やプライバシーへの介入はどこでも起りうることです。それは、知られたくない事情を抱えている人だけではなく、すべての人にとって生活環境を悪化させる迷惑で深刻な問題なのではと思います。

＊19　ジェンダー・バイアス
社会的文化的に作られた性別役割であるジェンダーに対する偏見や固定的な考え方。生物学的な性であるセックスと違い、ジェンダーは国や地域、個人によっても異なるが、一方的な偏ったイメージで固定的なものとして見ること。

「ひと」と「ひと」のつながり――ジェンダーを超えて

山田……確かにそうですね。因みに、同性の婚姻だと子育てに支障があるという人がいますが、異性間の婚姻でも家庭内暴力や児童虐待がある一方、同性間の婚姻でもきちんと子育てができており、これも問題をセクシュアリティに短絡させる偏見ですね。

真木……「同性間の婚姻でもきちんと子育てができており」というところの意味が、日本は同性婚が認められていないので国内だと通じにくいのではと思います。「海外での例を見ると」などを補足した方が良いかもしれません。でも、海外でも法的結婚は婚姻で良いのでしょうか？「結婚」と一言に言っても内容によっては保障がずいぶん違っていて、どの程度の関係なのだろうと考え込んでしまいます。結婚と婚姻の違いをどう解釈するかは難しいですよね。私は、法的な結婚を婚姻だと思っていましたが、海外の例まで考えると良く分からないです（苦笑）。

山田……私は、同性間の関係だけでなく、他の様々な事情から法的な結婚ができないけれども、実質的な婚姻関係を結ぶ（いわゆる内縁関係の）人たちがおり、それで「婚姻」という言葉を使いました。おそらく、内縁関係でも実態があり情状酌量できるなどの場合は、かなり法的な保護を受けられると思いますが（ただし判断する裁判官などの主観にも左右されるでしょうが）、これを同性間にも当てはめられることも、同性婚が認められない状況では、一つの方策になるのではと考えます。この点について、どう考えますか。

真木……おっしゃるとおり、内縁関係の男女に対する婚姻への法的保障がもっと認められるようになれば、同性間に対する法的保障についても検討される可能性を高めていくことはできるのではと思います。夫婦別姓の議論と同じように、同性間パートナーシップへの法的保障についても話題になって欲しいものです。今年開催された「Rainbow Talk 2006 同性パートナーの法的保障を考える全国リレーシンポジウム」[*20]をきっかけに関心が高まっていくことを期待しています。

私は予定が合わず、どの会場にも参加できなかったので、実際の会場の雰

＊20　Rainbow Talk 2006 同性パートナーの法的保障を考える全国リレーシンポジウム
二〇〇六年二月二六日（日）〜四月一六日（日）にかけて、大阪・東京・香川・札幌・東京の五ヶ所で、レズビアン、ゲイ、バイセクシュアル、トランスジェンダーなどのパネリスト参加による同性パートナーシップへの社会保障を求めるシンポジウムが、大阪府議会議員の尾辻かな子さんの呼びかけにより開催され、約七〇〇人が参加した。
http://homepage2.nifty.com/rainbowtalk2006/pc_top.html

囲気や話を聞くことはできませんでした。とても残念です。ただ、このようなイベントが開催されることは非常に重要だと思いますが、必ずパートナーがいなければならないという抑圧や複数のパートナー関係を持つポリガミー（一夫多妻）の人たちに対して、モノガミー（一夫一妻）でなければならないという圧力にならないかという懸念の声も聞かれました。カップルである人たちへの保障も重要ですが、シングル保障を充実させて、その上で二人、あるいは三人などといった関係でも安心して暮らせる法的保障に変わっていくことが、今後の少子高齢化社会において求められていくのではないでしょうか。実際、いくら仲の良いカップルであろうと別れることはありますし、最後まで関係が続いたとしても一緒に亡くなる可能性はわずかですから、一人単位への保障ももっと議論されるべきだと思います。

ですから、シングル保障[*21]についても忘れてはいけないと思いました。このシングル保障については、伊田広行さんが提唱されていますが、山田先生はどのようにお考えになられますか？

山田●●●●● 私は、人生の中で大切な相手と出会い、人生を共につくっていくことは

＊21 シングル保障
大阪経済大学教員の伊田広行氏が提唱。家族を単位としている現在の社会保障・社会福祉制度を見直し、個人単位で設計していくことで平等な社会制度を目指そうというもの。
伊田広行氏『シングル単位の社会論～ジェンダーフリーな社会へ～』参照。
http://www.arsvi.com/0b/980420ih.htm

一つの生き方だと思います。ただし、これは様々な幸せの中の一つで、一人で生きることも、やはり一つの生き方として尊重されるべきだと思います。「必ずパートナーがいなければいけない」というのは、固定観念で、それで人の生き方を判断することは差別につながると考えます。なお、私自身にとっては、一人で生きることは寂しく、つれあいが必要です。ですから、一人で生きられる人はすごいと感じます。わたしには、できそうもないからです。

その上で、二人で共に人生をつくっていくとしても、やはり、基本は独立した人格であり、それを対等な関係で相互に尊重しあうことです。人権も他者に委ねたり、他で代えることはできません。ですから、独立した人格やかけがえのない人権という意味では、「シングル」を単位につれあいの関係や家族を考えることは大切だと考えます。

真木……それと、前に述べた異性・同性の考え方について、大切なことを忘れていました。性的指向の「同性・異性」の概念が、性自認から見るか、生物学的性別から見るかで一般的な考え方とトランスジェンダーでは逆転するため、対象が「男性か女性か」で判断されます。それは、とても重要なことでした。これについては、「ＤＳＭ４によるＧＩＤの診断・分類基準[*22]」の性的指向の規定に明記されています。

つまり、私のように性別を変更している人間は、一般の人達と異性・同性の概念が同じではありません。単純に説明しますと、私は生物学的に女性に入りますが、性自認が男性の方に近いので、女性は異性で、男性が同性になります。一般的には、生物学的性別＆戸籍の続柄に基づいた性別の人＝同性、逆であれば異性となりますが、その一般常識は通じません。そのため、同性婚問題はトランスジェンダーにとって意識しにくいか、考えることを避けてしまう傾向があるのではと思います。例えば、ＦＴＭであれば、自分は男だから彼女とは異性関係なのに、戸籍上は同性であるため一般的には同性関係として扱われてしまう現実を突きつけられることは辛いことです。男性に性的指向が向いているＭＴＦの方にとっても同様でしょう。それでも、レインボートークのようなイベントにトランスジェンダーが参加して、自分たちの社会的な立場を考えることは大切ですし、今後も自分に関係のある保障問題を真剣に考える人たちが増えていってほしいと思います。

＊22　ＤＳＭ４によるＧＩＤの診断・分類基準
アメリカ精神医学会出版発行のＤＳＭ４に記載された性同一性障害についての診断基準。
http://www.netlaputa.ne.jp/~eonw/source/dsm4.html

私のようにＦＴＭで、ＦＴＭをパートナー持つ人間は、戸籍上も生物学的にも同性関係にあるので、戸籍の続柄を変更できたとしても現在の婚姻制度は利用できません。また、戸籍の続柄をＧＩＤ（性同一性障害）特例法で変更することは、非常にハードルが高いことです。単純に、戸籍を変更すれば全てが解決され、性同一性障害と診断された人の問題がすべて解決されると思うのは、大きな間違いであることを知っていただきたいと思います。

話は変わりますが、私は「男女平等」という言葉に強い抵抗感を持っています。男性と女性が平等であれば、性差別が解決されると考えることはできません。それは、社会には男女の二つしか性別がないことを前提としている考え方です。私のように、ＦＴＭとは言いながら、性自認が不明であったり、中性や無性として生きたい・生きている人間にとって、男女のどちらかを強制的に選択させられることは辛いことです。「男女平等」という言葉を聞くたびに、自分の居場所のなさ、身の置き所のなさを感じてしまいます。男女のどちらかである意識を持っている人には、性別を変更して生きること、同性に恋愛感情を感じること以上に分かりにくい感覚でしょうか。（笑）

山田●●●●●とても大切なことを教えていただきました。ありがとうございます。それで、前に述べられた真木さんの職業体験と重ね合わせて、一つの印象を思い出しました。先述の精華大学の学生が来たとき、談話が終わってみんなでカラオケに行きました。その時、それぞれが歌ったのですが、真木さんがマイクを握り、別の手を耳の後ろの方へ添えて少し半身で歌う姿は女性的な印象でした。私は、「n個の性」を踏まえて、「ああ、これが真木さんなのだなあ」と思っただけでしたが、もし、「n個の性」の意識がなければ、違和感や好奇心などに捕らわれるのではないでしょうか？　もちろん、私は意識が高いなどとうぬぼれないように戒めています。

その上で、「n個の性」というのは、様々な人間において、男と女の性質がグラデュエーションで存在するだけでなく、一個の人間においても色々な部分や要素で男であったり、女であったりして、全体としてパッチワークのようになっていると思います。ですから、女らしさを持つ男、女から男に変更したけれど女らしさをどこかに残したＦＴＭＴＧ、男らしい女等々、様々な存在を固有のものとして認め、その尊厳を尊重することが大切に考えます。自分の意見が多くなりましたが、これについていかがお考えですか？

真木……七月二五日の東京新聞に田原さんという記者が書いた『男女共同参画』法改廃狙い[*23]」という記事は、とても良い内容だと思いました。ご覧いただく時間があると良いのですが……

次に、「ジェンダーの変更」やその難しさについて触れますね。ただ、ジェンダーをどんな意味で使用するかは難しいところですね。介護事業所での失敗例のように、ジェンダーに捕われている人は「男と女」でしか見ませんので、個人というものを無視してしまうように思います。また、「セックス（生物学的な性差）＝ジェンダー（社会的な性差）」と考えている人は、なおさらその傾向が強いと思います。

私は「ジェンダーフリー」の解釈を、「ジェンダーバイアスからのフリー」だと思っていたのですが、最近の関連文章を見ると「ジェンダー＝ジェンダーバイアス」の意味で使われているように思います。今は、ジェンダーという言葉だけが一人歩きしているので、意味が良く分からないままジェンダーフリー派[*24]もバッシング派[*25]も論争を展開しているのではないかと困惑しています。「ジェンダーフリー＝社会的な性差の解消」で本当に良いのだろうかと、なかなか意味が掴めなくて、納得しきれていません。

＊23 『男女共同参画』法改廃狙い（東京二〇〇五年七月二五日朝刊「こちら特報部」）男女共同参画の施策に対するバッシング派やバックラッシュ派の問題が指摘されている。

＊24 ジェンダーフリー派
ジェンダーに関わる制約から自由（フリー）になることを求める立場。ジェンダーの多様性を認め合い、受け入れ合うということから、ジェンダー自体を否定・否認するような「ジェンダーレス（ジェンダー否定）」の考えなど、様々ある。

＊25 バッシング派
男女共同参画や、それに関連した性教育の施策や活動に激しく非難し反対（バッシング）する立場。特に「男は男らしく、女は女らしく」、「純潔」などを強調する保守的家父長的な傾向がある。五三頁のバックラッシュ派参照。

また「ジェンダーのない世界」を理想とすると言われても、イメージが分かりません。トランスジェンダーは、男女のジェンダーを越境し逆転させて生きている人たちです。私をカテゴライズするなら、新しく使われるようになった言葉で「インタージェンダー」[*26]というのに当たるのではないかと思っています。トランスジェンダーの人たちの中にはインタージェンダーも含まれていて、実態としては多数派になっているかもしれません。

さて、カラオケでの印象についてですが、よく仕草や振る舞いが「女っぽい」といわれます。そんなときは、自分は「オネェ」（女性的なゲイ男性）だと説明するときがあります。「男と女」しかいないと思っている人が見れば、私を「男だと言っているのに、本当は女なんだな」と考えてしまうと思います。実際にそう思い込んでいる人から、私が女であることを前提とした内容の手紙が来たことがあります。この点でカテゴライズをしなければならないとしたら、確かに「n個の性」の中の一つでしかないと思います。

「n個の性」についての考え方として、苗村先生や三橋純子さんの説を思い出しました。セクシュアリティはいろいろな組み合わせで成り立つものですから、どの面から見るかによって全く違うものになってしまいます。だか

＊26 インタージェンダー
心理的社会的文化的な性別であるジェンダーが男女のどちらかに固定されず、性別の認識や役割、行動パターンが中性的であると感じている人。

らこそ、「個性の尊重」が大事なのだということを広めていかなければならないのでしょう。バックラッシュ派[*27]の考え方は、個を滅していこうというものに他ならないですね。

山田●●●●●●「n個の性」は、吉本隆明の共著（前掲『対幻想』）のサブタイトルに使われていますが、正直言いますと、吉本はあまりにもうまく立ち回る知識人というイメージがあって精読していません。ところで、三橋さんについて、少し説明してください。

真木●●●●●●一時期、話題になっていましたが、私も読んだことがありません。研究のお役に立つ内容だと良いですね！

　さて、三橋氏は女装家で、今年（二〇〇五年）は御茶ノ水大学の講師をされています。以前は、中央大学でも講師をされていました。ＨＰは、http://www4.wisnet.ne.jp/~junko/index2.html です。

山田●●●●●●前にご紹介いただきました東京新聞の記事では、とても勉強になりました。歴史を歪曲したり美化したりする人たちが、性別役割分業＝性差別に固

＊27　バックラッシュ派
　保守的家父長的な立場の人々は、一九九〇年代には「従軍慰安婦」に端を発して歴史認識と歴史教育の美化や改竄に集中したが、一九九九年の男女共同参画社会基本法を契機に、男女共同参画や性教育におけるジェンダーフリーの傾向にも関心を向け、激しく逆行（バックラッシュ）させようとした。五一頁のバッシング派参照。

執するのは、いずれも現実を見ようとせず、自分の固定観念に捕らわれ、しかも、その主観的で独善的な自分が分からないのですね。私は「馬鹿は死ななきゃ治らない」という俚諺をいつも思い起こします。

さて、真木さんは市民運動で次第に知られるようになり、女性問題に取り組む人たちの理解も得られるようになったと思います。この経緯について、教えていただけますか？

真木……東京レズビアン&ゲイパレード*28を終え、秋田に戻りました（八月一六日受信のメール）。三〇〇〇人以上の参加で、大成功の行進となりました。

ところで、「馬鹿は死ななきゃ治らない」。そのとおりですね。もっともかなり厄介な馬鹿騒ぎになっていますが……。

それでは、市民運動についてですが、もともとジェンダーを変更する前から女性団体の動きに興味があったのですが、一九九九年に男女共同参画基本法の説明会が秋田市で行なわれ、この問題は「政府が作った箱に何を入れるか」という話だと考えた私は、男女共同参画中央センター「ハーモニープラザ」のイベントや秋田市男女共生フォーラム実行委員に応募をして、ESTOと個人の両方でジェンダー問題に関わり始めました。また、秋田県のF・

＊28 東京レズビアン&ゲイパレード

ゲイ・パレードは、一九六九年にニューヨークで起こったストーンウォール事件をきっかけに、セクシュアルマイノリティの人権を訴えるために世界各地で始まった。東京では一九九四年に始まり、途中で何度か中止されながらも、二〇〇五年に復活し、二〇〇六年も開催される。日本では一九九六年から「レインボーマーチ札幌」も開催され、全国から参加者が訪れている。
http://www.tlgp.org/index_pc.html

F（フィフティ・フィフティ）推進員（男女共同参画推進員）[*29]に応募し、認定を受けました。女性団体中心のイベントや行政の集まりの場でカミングアウトを繰り返し、女性から男性へジェンダー移行をして生きる人間の存在を知ってもらうことで、「性別は固定的なものではないこと」をアピールして来ました。おかげさまで拒絶されることもなくジェンダー問題に取り組む人たちの共感をいただき、一緒に活動をさせていただいてきましたが、あるイベントで司会の方に「性同一性障害の人もいるけれど、社会は男性と女性で成り立っている」と挨拶をされてしまい、これからどう男女共同参画社会推進と係わっていくべきか悩んでいます。心理的に男女のどちらの性別も選択できない私を知ることで、性同一性障害に対する誤解が生じてしまうのは避けたいことです。この挨拶には、単純にご本人の無知や勉強不足だけでは済まされない一般的な問題があるのではと考えています。

他にも、「男女平等」という言葉を聞くたびに、男女以外の存在が見えなくされてしまうことに危惧を感じ、男女共同参画推進には鬱屈を感じています。日本国籍を持つすべての人が公的書類上で男女として登録されているのにもかかわらず秋田県は性的少数者の問題を男女共同参画推進の場で扱

＊29　秋田県のF・F推進員　あきたF・F（フィフティ・フィフティ）推進員は、秋田県における男女共同参画社会推進のために二〇〇一年から始められた養成事業により、県内各地で九五名が登録されている。

わず、その他の人権問題としていることから今後の関わり方についてどのように訴えていくべきかという岐路に立たされています。男女共同参画の場で扱われる人権問題は、あくまでも「性別が固定されている異性愛者の男女のみ」という対応には納得できないものを感じています。

多様な性を生きる人々への支援のために

山田……十月一七日のメールで「一五―一六日の仙台イベントでレズビアンの方を呼び一般公開の講演会を開きました。講演会は成功しましたが、講師の大江千束さん（ＬＯＵＤ代表[*30]）と話して、レズビアンを社会問題として訴えていくことの難しさを実感しました。レズビアンの人たちは〝ごく普通〟すぎて、一般の興味を引くことができないようです。一方、ゲイやトランスジェンダーは、一般の興味を引くことができるけれど、当事者像が歪められることが多いように思います。自分には実感できないのですが、一般の人にとって性別を変更することはかなりセンセーショナルなことのようです」と書か

＊30　大江千束さん（ＬＯＵＤ代表）
東京中野にあるレズビアンとバイセクシュアル女性のためのセンター〝ＬＯＵＤ〟代表運営スタッフ。一九六〇年東京都生まれ。『同性愛って何？』、『多様な「性」が分かる本』、『にじ』などの執筆や寄稿に参加。

れていました。

それで、このイベントの趣旨について、ＥＳＴＯとの関係を踏まえてご説明ください。次に、「レズビアンの人たちは〝ごく普通〟すぎて」と述べられていますが、どういう状況かお教えください。

真木……ＥＳＴＯではレズビアンに対する社会的な理解を求める啓発活動も対象としていますし、ＦＴＭ（女性から男性へ）においては成長する過程で女性ジェンダーの影響を受けて社会的な立場が形成されていきます。また、ＭＴＦ（男性から女性へ）が女性に性別を変更すると女性の社会的な問題に直面しますので、女性ジェンダーが抱える問題は女性として生きてきた・生きている人々に共通した悩みです。そのもっとも大きなキーワードは「経済力」だと考えますが、女性とＦＴＭ、定職を持たずにトランスしたＭＴＦの経済力の低さは人生設計に深刻なダメージとなっていると思います。講演では「女性どうしで暮らすために」をテーマとしてレズビアンや同性カップルがぶつかる社会的な問題を話していただきましたが、参加したパートナーがいるゲイの方からも内容は自分の問題だったという声を聞きました。

「レズビアンの人たちは〝ごく普通〟すぎて」というのは、アダルト系で取り上げられる「レズ」と現実の彼女たちの実態がかけ離れていて、異性愛のカップルと何ら変わるところがないことから見る側にとって特にセンセーショナルなものではないと気づくのだと思います。また、同性を好きになることに、実は非日常性はありません。日常生活においてアダルト・ビデオのイメージで異性愛のカップルを見ることはないと思いますが、それと同じようにレズビアンカップルも地味で特殊性の感じられないものです。また、「男性の性欲」は強調して語られるためゲイの存在が見えやすくなりますが、「女性には性欲がない」といった女性の性愛に対する社会的な無視や偏見がレズビアンを見えなくさせているとも思います。一クラスに一人は、ゲイやレズビアンがいると言われますが身近に存在しないと考える人は多いですね。トランスジェンダーは、性別を変更する過程がハッキリと目に見えるので話題性を獲得しやすいのでしょう。

山田……同性カップルの法的地位を示す「シビルユニオン（civil union）」[*31]という表現について、どうお考えですか？

真木……同性カップルや事実婚の異性カップルに、結婚した男女と同等の権利や

＊31　シビルユニオン

義務をあたえる「シビルユニオン法[*32]」は「民法上の内縁関係」ですが、その契約内容は婚姻ほど保障されていません。それでも一般的に公的なカップルとして認められたというのは大きな前進です。表現そのものについては、特に考えが浮かびません。シビルユニオン法の他にも、ドメスティック・パートナーシップ法[*33]やフランスのPACS法[*34]など内容は様々ですし、同性間の法的保障を日本で進めていくのにどの法律に準じた内容が良いかと言うことであれば、私個人としては内縁関係どまりでなく、婚姻と同じ保障が欲しいと思います。しかし、当事者から不必要だという声が上がることもあり、保障制度の制定についてはゲイやレズビアンのコミュニティでも意見にまとまりがなく運動を進めるのが難しい状況ですね。

山田……最後に、ブラジル出身の思想家で教育者のパウロ・フレイレが、次のように述べています。

「誰かが誰かを教育するのではない。自分を自分ひとりで教育するのでもない。人は自らを教育しあうのだ、相互の交わりのなかで」

＊32　シビルユニオン法
「シビル・ユニオン(市民の統合)制度」。共同生活をする同性カップルに、異性間の結婚とほぼ同等の法的権利を認めたものだが結婚とは区別された。アメリカのマサチューセッツ州、バーモンド州で導入されている。

＊33　ドメスティック・パートナーシップ法
同性カップルに婚姻に類似する法的地位を保障する制度。一九八〇年代末に北欧から始まり、ヨーロッパを中心に広まった。その保障内容や名称は、国によって異なっている。

＊34　フランスのPACS法
一九九九年にフランス議会(下院)でPACS(Pacte Civil de Solidarite)法が成立。この法律より、結婚に準じる社会的地位が、異性愛の同棲カップルと同性愛のカップルに認められた。PACSの意味は「連帯の市民協約」。

「少数者と呼ばれている人々にとって必要なことは、本当は自分たちこそが多数者なのだということを認識することです。自分たちを多数者と考えるためには、たんに差異を見るだけでなく、自分たちのあいだの共通性に注目し、『多様性の下での統一』をつくり出していくことが必要です。それなしに自己改革も、ラディカルな民主主義の実質をつくりあげていくことも、不可能なのではないでしょうか[*35]」

この自己教育運動論、少数者こそ多数者であるという洞察（人間は多様であり、その多様性を認め合うならば、みなで多数者になる）が、真木さんの人生とＥＳＴＯの活動を知ることで、まさに現実に立脚していることが分かりました。このような考え方について、どうお考えですか？

真木……「少数者こそ多数者」であるという実感は、一人ひとりが違っていると分かったときに気づくことですね。すべての男性に共通した「男性性」も、すべての女性に共通した「女性性」もありえないと私は思います。同じように見えても微妙に違うので、その違いを受け入れたときに「少数者こそ多数

＊35　パウロ・フレイレ／里見実訳『希望の教育学』太郎次郎社、二〇〇一年、二一四—二一五頁。

者」が現実に見えてくるでしょう。

　私はワークショップや講演を行うときに、必ず母子健康手帳の性別欄を取り上げて、生まれたときの性別欄が「男・女・不明」の三つであることを知っているかとお聞きします。子供を産んだ女性でもその欄に気づかないことが多いですね。それと、性染色体検査を受けたことがあるかとお聞きするのですが、受けたことがない人がほとんどです。出生時に性染色体を検査するのは外性器の状態が曖昧だった子どもたちですが、外性器がはっきりしていても半陰陽などの性分化障害であるケースも多いのです。そのときは、性染色体や内性器の検査で半陰陽であるかどうかが分かります。

　二千人に一人の出生率と言われるのに、ごく少数の当事者の声しか聞かれない。このことから、半陰陽である人の多くは自分の生物学的な状態に気づかず「男性か女性」であることを疑いもせず生きているということが考えられます。ただ、半陰陽には様々なケースがあるため、医学的な治療を受けるときは個々に合った治療法を探す必要に迫られるのではと思います。

　同性愛や両性愛については特殊なこととして考えられていますが、異性に向くか同性に向くかという性的指向は実ははっきりと二分されるものではありません。性行為に至ることがなくても同性や異性に対する指向性というのは誰でもが持っているのではないでしょうか。自分の胸に手を当てて、同性に魅力を感じる瞬間がないか問い掛けて欲しいものです。多くの人は、大まかに捉えて自分の性的指向はだいたいこっち側ということで相手を選んでいるのだと思いますが、ホモフォビア（同性愛嫌悪）の刷り込みにより同性ではなく異性をパートナーとして選択することもありますし、結婚や子どもを持つことの圧力から異性を選ぶこともあります。そういった場合は、指向性とは関係なく異性愛者と思われてしまいます。

性別違和感も同じで、ジェンダーという〝らしさ〟の規範に自分との違和感を感じる人が多くいます。性同一性障害の診断がおりるかどうかはその人の訴えから判断するしかありませんが、精神科には性同一性障害とは診断できないタイプの性別違和感を持つ人たちが相談に訪れることが多くなったと聞いています。性同一性障害と診断されても性別を変更しない、また性同一性障害の診断がなくても性別を変更するということもあります。一人ひとりの生物学的な性別、同性・異性への指向性、性別に対する自己同一性、性嗜好性、その他にも様々なことを丁寧に見ていけば、同じ人はいなくなってしまいます。集団化できないなら差別も区別も生まれようもなく、小さな点が集まれば大きな塊に見えるように少数者が多数者になるという意識の逆転が起こります。ＥＳＴＯでは、すべての人が微妙に違い、大きく見れば同じであることに気づいてもらうために活動を進めていくことができればと思います。

セクシュアリティを知るための参考文献〔本書の脚注にあるもの以外〕

山内俊雄　二〇〇一年『性同一性障害の基礎と臨床』新興医学出版社

南野知恵子　二〇〇四年『解説　性同一性障害者性別取扱特例法』日本加除出版

野宮亜紀・針間克己・大島俊之・原科孝雄・虎井まさ衛・内島豊　二〇〇三年『プロブレムQ&A性同一性障害って何？―一人一人の性のありようを大切にするために―』緑風出版

中村美亜　二〇〇五年「心に性別はあるのか？―性同一性障害のよりより理解とケアのために―」医療文化社

田中玲　二〇〇六年『トランスジェンダー・フェミニズム』インパクト出版

伊藤悟・大江千束・小川葉子・石川大我・簗瀬竜太・大月純子・新井敏之　二〇〇三年『プロブレムQ&A同性愛って何？―わかりあうことから共に生きるために』緑風出版

小田切明徳・橋本秀雄　一九九七年『インターセクシュアル（半陰陽者）の叫び―性のボーダーレス時代に生きる―』かもがわ出版

針間克己　二〇〇三年『一人ひとりの性を大切にして生きる―インターセックス、性同一性障害、同性愛、性暴力への視点―』少年写真新聞社

セクシュアルマイノリティ教職員ネットワーク　二〇〇三年『セクシュアルマイノリティ―同性愛、性同一性障害、インターセックスの当事者が語る人間の様な性―』明石書店

加藤修一・石田仁・海老原暁子　二〇〇五年『図解雑学ジェンダー』ナツメ社

赤杉康伸・土屋ゆき・筒井真樹子　二〇〇四年『同性パートナー』―同性婚・DP法を知るために―』社会批評社

ロランス・ド・ペルサン　二〇〇四年『パックス―新しいパートナーシップの形―』緑風出版

ＥＳＴＯとは

一九九八年に秋田県で発足。全国を対象に、すべての人がその性の在り様に関わらず存在（Est）を尊重（Esteem）されることを願い、自覚する性別と身体や書類上の性別に違和感がある人、生まれつき身体の性別が曖昧な人、同性を好きになる人などへの支援活動と社会啓発に関する事業を行い、多様な性への理解と人権尊重の促進に寄与することを目的に活動している。主に、秋田・仙台・東京での成人向けのミーティングや交流会、仙台・東京での性別違和感を持つ子どもたちと保護者のための親子交流会などを開催している。

性は人権ネットワーク	Est Organization （ESTO）
〒 010-8691	秋田中央郵便局　私書箱３２号
ＨＰ	http://akita.cool.ne.jp/esto/
携帯サイト	http://hp.kutikomi.net/esto/
E-MAIL	esto@desu.ne.jp

他の関連団体

ＴＮＪ（Trans-Net Japan）「ＴＳとＴＧを支える人々の会」　http://www.tnjapan.com/

ＦＴＭ日本　http://www2s.biglobe.ne.jp/~krtry/index2.html

子を持つトランスの会　クローバー　http://www.geocities.jp/croverftm/

gid.jp「性同一性障害をかかえる人々が、普通にくらせる社会をめざす会」　http://gid.jp/

札幌医科大学付属病院GID-Clinic 通院者と家族の会「GID_Familia」　http://blog.goo.ne.jp/gid_familia/

ＲＥＡＬＩＶＥ　http://www.geocities.jp/xxrealivexx/

ＧＩＤしずおか　http://gidszk.qee.jp/index.html

ＴＴＳファミリー　http://tunagu.gr.jp/tts/index.html

T-junction　http://www.geocities.co.jp/Milkyway-Sirius/9479/index.html

ＧＱＢＵＳ　http://gqbus-mf.s16.xrea.com/

ＧＩＤ山口ネットワーク　http://gid-yamaguchi.hp.infoseek.co.jp/

ＦＴＭ関門・北九州　http://members.aol.com/FTMK9/

ＰＥＳＦＩＳ（日本半陰陽者協会）　http://home3.highway.ne.jp/pesfis/

ＮＰＯ法人　ＯＣＣＵＲ（特定非営利活動法人　動くゲイとレズビアンの会）　http://www.occur.or.jp/

ＬＯＵＤ　http://www.space-loud.org/loud/

すこたん企画　http://www.sukotan.com/

HSA（北海道セクシャル・マイノリティ協会）札幌ミーティング　http://homepage.mac.com/pablo74/sapporo_meeting/index.html

Ｇ―ＦＲＯＮＴ関西　http://www5e.biglobe.ne.jp/~gfront/

QWRC（Queer and Women's Resource Center）　http://www.qwrc.org/

プラウド　ｉｎ　香川　http://www15.tok2.com/home/proudia/

セクシュアルマイノリティ教職員ネットワーク（ＳＴＮ２１）　http://homepage3.nifty.com/stn/

日本近現代史とセクシュアリティ

――社会意識や世情から

山田正行

はじめに

三木清は一九二九年三月七日の日付のある『社会科学の予備概念』の「序」において「嘗てロッチェは認識論者または方法論者を批評し、決して截らうとは欲せずして徒に小刀を磨いてのみゐる者に彼等を譬えたが、私もまた恐らく彼のこの比喩に相当する者であったらう。時代は右顧左眄する反省ではなく、却って勇気を、まさに『真理の勇気』を要求する。私は大胆なる旅に、むしろ果敢なる戦にのぼるべき場合となった。これまでの仕事の一切は私自身にとっても悉く予備たるに過ぎなかったのである」と述べている。[*1] その全集に収録された論考を読めば、三木はこう宣言できるだけの学問研究を達成していたことが分かる。私としては、「序」に続く「問の構造」は現象学の研究としても、また入門としても卓越しており、タイトルに「現象学」を使っているが、見せびらかしばかり多くて的はずれなものを読むより、はるかに有意義だと考えている。

そして、三木はそのとおり天皇制ファシズムに立ち向かい、思想に殉じた。この言行一致は、まさに彼の真摯で誠実な心根を証明している。

＊1　『三木清全集』第三巻、岩波書店、一九六六年、百六十頁。

私はと言えば、それ程のことはできないが、少しでも真理を追究する勇気をもって現実に向かいたいと願ってきた。そして、本書では、フーコーの『セクシュアリティの歴史』（邦訳は新潮社）を学んだからには、それを日本現代史に即して捉え直し、何か実践的に意味あることをしたいと考えた。本書で、インタビューを通して真木さんの考えや実践を知らせようとしたのは、この課題意識に基づいている。

その上で、ここでは、真木さんへのインタビューを、私自身も生きてきた同時代史の動態に位置づけ、その意義をより深く理解できるように努める。つまり、日本現代史に即して広く性や愛について考え、そこから、真木さんの生き方の意義を捉えようと考えている。そのために、ここでは主に「セクシュアリティ」という用語を使っている。それは、生物的な性差のセックス、心理的文化的社会的性差のジェンダー、生物の本源に関わる生殖、さらに生物的存在をはるかに超えた愛は[*2]、一個人では不可分に構造化されており、それに対応する言葉としては「セクシュアリティ」がふさわしいと考えたからである。

また、性や愛は文字だけでなく、会話や実践でも現象しているため、ここでは、文献だけでなく、ディスクールやパフォーマンスなども取り上げている。時

＊2　パスカルは『パンセ』で愛は身体を無限に超えた精神をさらに無限に超えていると述べている（断章七九三）。

には言葉にも行動でも尽くせない生き生きとした性や愛を、無味乾燥な言葉で記述するのは、野暮で愚の骨頂だという自覚はある。

封建的家父長制の弱化と女性解放、多様な性の相互理解と共存

封建制は厳格な性道徳や性規範と結び付けて捉えられやすいが、そこには家父長制の側面もあり、その男性優位の体制で、多様な性のあり方さえ男性だけには容認されていた。これは「三従（親に従い、夫に従い、息子に従う）」を求められていた女性と対照的である。織田信長と森蘭丸の関係はよく知られているが、それだけでなく、衆道《しゅどう》、若道《にゃくどう》、陰間《かげま》と様々に男どうしの性関係が呼ばれ、さらには陰間茶屋まであった。

ところが、明治維新以後、キリシタン弾圧がなくなり、キリスト教文化が伝えられる中で、お互いの愛情に基づく夫婦関係によってのみ性行為が許されるという性道徳が、文明開化の脈絡で尊重されるようになった。男色や獣姦を意味する「ソドミー」は、悪徳の象徴である「ソドム」（旧約聖書・創世記）に由来してい

る。その過程で、夜這い（呼ばい）の習俗が附随していた若者組や若衆宿などは青年会（団）へと変化した。しかし、男女平等が実現されたわけではなく、大日本帝国憲法で女性は男性の下に位置づけられていた。

さらに、男どうしの性関係に関しても、それまでの心性や風俗が全く一掃されたわけではなかった。森鴎外『ヰタ・セクスアリス（ラテン語で性生活、性的人生）』では、女に惹かれる男は「軟派」、男に惹かれる男は「硬派」で、「硬派たるが書生の本色で、軟派たるは多少うしろめたい処があるように見えていた」と述べられている（岩波文庫版で三九頁）。これは、いわば心理歴史的な残存であり、衆道や若道という「道」に示される生き方（フーコーなら「生存の美学」）が窺える。

しかし、このような「硬派」の意味は今ではなくなっている。例えば、広辞苑第五版では、強硬な主義や意見、腕力を振るう青少年、男女間の交際できまじめな者、新聞社で政治・経済などの記事を扱う者の四項目があるが、『ヰタ・セクスアリス』で使われた意味はない。このことは、近代の異性愛に基づく性道徳の広がりの中で、前近代的な男性優位の社会でこそ認められていた男性の同性愛が容認されなくなったことを示している。

そして、軍国主義が強まる中で、性や愛だけでなく、全般に自由は制約された。皇軍では性奴隷の「慰安婦」が組織されたとしても、それはスパイや性感染や暴行による民心の離反などの対策のためであり、兵士は命令に従って慰安所に行くというように性生活さえ統制・管理されていた。これは敗戦と米軍進駐の時に〝男はタマを抜かれ、女はやられるぞ〟とささやかれたように、蛮性に立脚していた。このように発想したのは、自分たちが行っていたことを現象させている。

しかし、大日本帝国の敗北後、民主化の中で自由が大幅に認められるようになった。確かに、その後、一九四八年一二月に一部のA級戦犯が免責され、さらに五二年四月、対日講和条約の発効に伴い軍国主義者や国家主義者の公職追放が解除され、「逆コース」と呼ばれる反動が起きたが、セクシュアリティに関する自由は進んだ。その中で、ここでは異性愛を超えた動きについて述べていく。

歌手で俳優の美輪明宏は、一九五七年に「シスターボーイ（女性的な美形少年）」、「ユニセックス・ファッション（男女いずれもが着られる衣服）」として注目され、三島由紀夫が絶賛したことが話題になった。当初、その評価は限られていたが、次第に広がり、「女優」として活躍するようになった。それでも、これは芸能や芸術の領域に限られていた。一九六四年に性転換手術を行った産婦人科医は、翌六五年に優生保護法違反で起訴され、六九年に有罪とされた。これは「ブルーボーイ（主に男娼を指す）事件」と呼ばれている。

カルーセル麻紀はゲイバーに勤めていたが、一九七二年にモロッコで性転換手術を受けたことを契機にマスメディアに取り上げられ、妖麗な容姿や軽快なトークでタレントとして活躍するようになった。八〇年代には「ニューハーフ」という言葉が使われるようになり（マスメディアでは主に男の女装）、それまで体と心の性が一致しない人たちを変態と捉えていた見方に対して、新しい、ある種の肯定的な捉え方が提示された。それまで隠語として扱われていた男色を指す「オカマ（尻の異名から転じた）」、それから派生した女性の同性愛を指す「オナべ」、さらに「オカマ」が好きな女性を指す「オコゲ」などがマスメディアで公然と使われた。ただし、マスメディアの取り上げ方には、性的な刺激によって読者や視聴者を増やそうとする商業主義や迎合主義が強く、登場する「ニューハーフ」の言動も、実際の性同一性障害のある人たちとはかけ離れていた。

それでも、性や愛のあり方は多様であるという理解が広がり、一九九八年には埼玉医科大学で性転換手術が医療行為として実施され（保険は適用されず）、商業主義や性的刺激を排除して性同一性障害やトランスジェンダーを真摯に考えようとする動きが現れた。その中で、ＴＮＪ（ＴＳとＴＧを支える人々の会）が発足し、女性と男性だけでなく、それに組み入れられない人々のための交流、学習、社会への提言等々の市民運動が広がった。さらに、二〇〇一年秋から始まった「三年Ｂ組金八先生」の第六回のシリーズで、ＦＴＭの女子生徒が重要な役割を演じ（人気タレントの配役）、性同一性障害やトランスジェンダーの理解はさらに広がった。

これらは、性差別の撤廃や女性解放の進展に伴っていた。つまり、女性解放はセクシュアリティの解放を伴い、それを通して男性や女性の解放だけでなく、その区分を超えた人たちにとっても、そのセクシュアリティのあり方が認められるべきであり、これに関わる差別が撤廃され、解放が実現されなければならないというようになった。たとえ少数であっても、民主主義はそれを尊重することを基本とするのであれば、男女の区別を超えた変化する性や無性などを認めることが現代社会に求められており、多様な性の相互理解と共存は、民主主義の現代的な課題と言える。このような意味で、人間はみな人間として同じだが、同時にみなそれぞれ違うという「一即多多即一」の弁証法が、[*3]セクシュアリティにおいて

＊3　西田幾多郎「現実の世界の論理的構造」『西田幾多郎全集』第六巻、岩波書店、二〇〇三年。三木清「文化政策論」『三木清全集』第十四巻、岩波書店、一九六七年。旧くは「和して同ぜず」（論語・子路）の観点がある。また、フレイレでは〝少数者こそ多数者〟。本書五九―六一頁参照。

問われていると言える。

以上、家父長制から女性解放、多様なセクシュアリティの相互理解と共存への展開を概観した。それは、真木さんのライフヒストリーが、このような歴史の動態的な展開に位置づけられ、このインタビューをより深く理解するためである。

実際、埼玉医科大学における性転換手術（その前年の答申）は、真木さんに大きな影響を与えた。

ただし、これまで述べてきたことは、同性愛やトランスジェンダーを主にしていた。それ故、次に視角をさらに広げて、日本現代史におけるセクシュアリティの変化について述べていく。

家父長制と軍国主義における「大陸の花嫁」

山本宣治は『性教育』（一九二三年）や『恋愛革命』（一九二四年）などで対等な男女関係や育児制限を訴えたが、治安維持法改悪に反対する中で暗殺された。

その後、大日本帝国は支配統制を強め帝国主義的侵略を拡大し、一九三一年の柳條湖事件、三七年の盧溝橋事件を通して大陸への全面的な戦争へと進んだ。そのため、国内では軍国主義による支配統制と総動員運動が展開された。一九三二年から主に収奪に喘ぐ小作人たちに〝土地が持てる〟と満州開拓団（初めは武装移民団）が組織され、それとともに、大日本連合青年団、大日本連合女子青年団、大日本青少年団を通して女子拓務訓練所、女子開拓義勇隊訓練所などが設置され、さらには開拓士結婚相談所を通して「大陸の花嫁」を開拓地に送り込んだ。

日本は、戦後でも、結婚式の時に初めて相手と会うような場合がしばしばあるような状況であった。つまり、誰でも自由意志に基づいた結婚ができたわけではない。かつては夜這い（呼ばい）の習俗があったが、軍国主義とともに禁欲的な風潮や相互の監視も強まり、家に制約された女性は、多くの場合、思春期以降は男性と交際などできず、親や仲人などの言うままに嫁いでいた。このような時代状況を踏まえて「大陸の花嫁」を理解しなければならない。

そして、軍国主義日本の敗北の中で、特に国境線近くの開拓団にいた「大陸の花嫁」は、ソ連の侵攻や土匪の跳梁で逃げ惑い、全体として約半数が死亡、あるいは行方不明になったと言われている。以前から開拓団の多くの壮年男子は召集され、残された者はソ連侵攻を知らされず、また、土地を奪われ、迫害された中国人に怨まれていることの自覚も希薄であった。他方、軍隊や軍属の幹部や、生体実験など人道に反する犯罪を行った七三一部隊の関係者たちは、それ以前に安全なところへ退却していた。

女性解放と、それに伴うセクシュアリティの変化

戦後の民主化において、日本国憲法で男女平等が明示され、女性も選挙権を獲得し、その中で女性の地位向上への意識が強まり、一九四八年に主婦連合会、五二年に全国地域婦人団体連絡協議会が発足した。その中で生活の向上とともに平和運動も進められ、地婦連では原水爆禁止運動や沖縄返還運動が取り組まれた。それとともに、封建的で家父長的な生活を改める新生活運動が広がった。

一九五五年以降、専業主婦という存在をめぐり、いく度も議論が交わされ、その一連の論争は「主婦論争」と呼ばれた。これは大きく前期と後期に分けられ、前期は専業主婦の擁護と否定、および主婦の就業や社会参加など、後期は家事労働の経済的価値をめぐり議論がなされた。[*4] 他方、「未婚の母（シングルマザー）」

＊4　上野千鶴子編『主婦論争を読む：全記録』1、2、勁草書房、一九八二年参照。

が繰り返し話題になった。注目されるタレントや作家であれ、一般庶民であれ、「未婚の母」はそれぞれ困難な境遇にあるが、それでも「主婦」を前提とした枠組みを問い直す女性観の広がりを示している。

また、米国の女性解放運動（ウーマン・リブ）が日本にも影響を及ぼし、女性差別が意識され、女性の自立や地位向上の実践が広がり始めた。一九六三年に刊行されたベティ・フリーダンの『女らしさの神話』は、『新しい女性の創造』というタイトルで翻訳出版された（三浦富美子訳、増補版、大和書房、一九七七年）。

一九七五年四月六日には、中ピ連（中絶禁止法に反対しピル解禁を要求する女性解放連合）が京都市で開催されていた日本医学会総会に押し掛け、その要求を訴え、話題になった。女性が公然と「中絶」を要求することは、既成の観念を超えていた。また、七〇年代終わり頃から、立ち会い分娩（例えばラマーズ法）が行われるようになった。ただし、その結果が離婚につながるケースが少なくなかった。確かに、うまくいく場合もあるが、そうでない場合も軽視できなかった。妻は立ち会いを願うが、その現実を追体験する夫には夫婦関係を維持できなくなる者もいたからである。例えば、美化した女性像を妻に求めていたが、出産の姿に幻滅することもあれば、精神的な愛は変わらないが、衝撃が強くて心因性の性的不能に陥る者もいた。後者では、妻は夫から幻滅されたと思いこみ、夫は焦るけれどうまくいかず、お互いのすれ違いで悪循環に陥り、それに身体的な衰えが拍車をかけ、やはり愛は終わったと思いこむということさえあった。そのため、一律に機械的に立ち会い分娩を考えるのではなく、個々の場合に即してそれぞれのかたちで夫も出産について自覚し、責任を負うというようになった。

このような変化の中で、女性の身体感覚、特に羞恥の感じ方も変化した。一九五三年にシームレス・ストッキングが発売されたが、当時は〝履いてないように見えて恥ずかしい〟と躊躇する女性が多かった。しかし、六〇年代になると人気が高まり、一九六八年にパンティ・ストッキング（パンスト）が発売されるや、ミニスカート・ブームとの相乗効果で急速に広まった。それ以前は「パンティ」と口にするのも恥ずかしかったが、それを公然と言う者が現れるようになった。

七〇年代になると、水着の露出度が高まり「ビキニ」スタイルが話題になった。当時、思春期になっていた私は、「ビキニ」は一九五四年三月一日の米国によるビキニ環礁での水爆実験（第五福竜丸などが被曝）で理解していたので、初めはまちがって笑われたりした。そして、「ビキニ」は水爆実験や第五福竜丸よりも、主に水着を連想させる言葉になっていった。なお、より露出度を高めた「Tバック」が話題になったのは、九〇年代である。

このような変化とともに、全体としては男女平等の意識が強まり、法制度的な保障や経済的自立が課題となり、さらには慣習や意識など社会的文化的心理的な問題も取り上げられるようになった。

ジェンダーへの注目

一九七六年から八五年までの「国連女性の十年」の国際的キャンペーンを通して、女性差別への問題意識が深まり、法制度の改革が進み、安定的な正規雇用や専門職に就き経済的自立を達成する女性も次第に増えるようになった。それとともに各地で女性差別や女性解放に関する学習が進められ、行政でも「婦人問題学習」や「婦人の職業生活準備セミナー」などが取り組まれた。その中で、法制度や経済において対等でも、社会習慣や価値基準などで女性差別が根強く残存し、相変わらず男性優位の社会が続いていることが認識されるようになった。その一方で、確かに男性は優位であるが、また同時に、女性に依存しており、女性の自立は男性の自立と密接に関連していることも認識されるようになった。家事を全て妻にさせる夫は、見方を変えれば妻の家事に頼って生活しているということである。この依存性は妻を失った場合に明確になる。

かつては、死別であれ、離縁であれ、妻を失った男には、端女《はしため》や主にその役割を求められる後添いが世話されることが多かったが、そのような観念は遅れたものとして次第に衰えていった。また、最低賃金が保障され、家政婦を誰もが気軽に雇うという状況ではなくなった。そのため、妻を失った場合、多くの男は自分で家事をしなければならず、これにより、夫の優位が実際は依存でもあることが日常的に明らかになった。なお、これは病気や事故などで妻が家事を担えなくなった場合でも同様であった。

こうして、賃金や謝金等で支払われない労働を意味する「シャドウ・ワーク」が注目され、この視点から家事労働の価値や意義が論じられるようになった。これを通して、男女平等の議論が法制度や経済から家庭内へと展開し、この中で社会的文化的心理的な性差を意味する「ジェンダー」が注目されるようになった。

九〇年代の半ばには、労働組合でジェンダー・チェック（ジェンダーに関する意識の評価）が行われることもあった。

この点で、イヴァン・イリイチの果たした役割は大きい。[*5] 特に、人々の生きる土地に固有な、人々の生活に根ざしたという意味の「ヴァナキュラー」という視点でジェンダーを論じたことは、性別役割分業の固定観念を乗り越えるものであった。また、玉野井がイリイチを介してシャドウ・ワークやジェンダーの問題を日本に提起した意義も確かに大きい。それでも、玉野井は『ジェンダー』の「日本語版への訳者序」で「鉛筆で走り書きの私の訳稿を二百字詰め千五百枚に浄書する労をとってくれた妻」と謝辞を述べており、[*6] 妻の「二百字詰め千五百枚に浄書する労」が、ジェンダーの支配従属関係による支払われないシャドウ・ワークであるか否かの自省は見られない。

この動向において、ジェンダーの問題を示す造語がいくつも現れた。「分かってくれない」、「かまってくれない」など「〇〇してくれない」とばかり訴えるという「くれない族」では、自己主張はできるが、相変わらず男性に依存する女性が揶揄されている。依存しながら厚かましいのが「オバン（おばさんの短縮）」で、嫌味が強くなると「オバタリアン」となった。

＊5　イヴァン・イリイチ／玉野井芳郎、栗原彬訳『シャドウ・ワーク―生活のあり方を問う―』岩波書店、一九八二年。同／玉野井芳郎訳『ジェンダー―女と男の世界―』岩波書店、一九八四年。

＊6　同前『ジェンダー』viii頁。

また、家庭では妻に依存しながら会社を優先する「会社人間」が、退職後の生活を無為に過ごす状態が、「粗大ゴミ」や「産業廃棄物」と称された。特に、家事ができないだけでなく、趣味もなく、「会社」の肩書きを失うと自分は何者か（アイデンティティ）を示すことができない夫が批判された。そして、このような夫が、外で生き生きと活動する妻にまとわりつく状態が「濡れ落ち葉」や「コバン鮫」と呼ばれた。一日中家にいても家事はできず、その気もなく、妻が一人で外出すると不機嫌になるという自立できない依存性が指摘されており、これでは妻は耐えられない。さらに、収入はなくなる一方で、まとまった退職金があるため、長年耐え忍んできた妻は「定年離婚」や「熟年離婚」を宣告し、老後生活だけでも自由を得ようとする。これらが話題になる中で、日本の多くの夫は、妻が専業主婦か共働きかにかかわらず、ほとんど家事を負担しないという実態が指摘された。

以上は、日本の世情やサブカルチャーから生まれた造語だが、次に、米国で話題になって日本に紹介されたものについて述べる。「シンデレラ・コンプレックス」は、「玉の輿」に相応する女性としての生き方や願望の問題、また、「ピター・パン・シンドローム」は、女性に依存して自立できない男性の問題を指摘している。[*7] そして、「ウェンディ・ジレンマ」は、活発だが自立できない男性を好きになり、受容力があるため甘やかしてしまい、それにより自分が混乱させられる、性差別構造の中の女性の心理的葛藤を示している。[*8] それとともに、ティンカー・ベルもピーターが好きだが、自分の考えを積極的に主張し、必要ならば対決をも辞さない女性として対比される。このように、多くの人が子ども時代から知っている物語が用いられることで、男女の関係性のあり方や女性差別について、社会的文化的心理的な側面から考える状況が広がった。

このような動向において、一九八九年には「セクハラ（セクシュアル・ハラスメント・性的いやがらせ）」がマスメディアで大いに取り上げられた。これもまた、女性の意識や発言力の高まりによるものと言える。しかし、同時に「セクハラ」という言葉が、興味本位で好奇心を起こさせるというような性的刺激の文脈で利用される場合もあった。女性の権利保障のために使われるべきところを、ある種の悪用がなされたと言える。類似した現象は、「エイズ」や「慰安婦」でも認められ、前者は性感染だけでなく国・企業・大学の構造的な薬害、後者は戦争責任に関わり、極めて深刻な問題であるにもかかわらず、性について公然と語る風潮を助長するようにもなった（ただし、これは国外でも同様で、後者では、被

＊7　コレット・ダウリング／木村治美訳『シンデレラ・コンプレックス』三笠書房、一九八二年。ダン・カイリー／小此木啓吾訳『ピーター・パン・シンドローム―なぜ、彼らは大人になれないか』祥伝社、一九八四年。

＊8　ダン・カイリー／小此木啓吾、尾島恵子訳『ウェンディ・ジレンマ―〝愛の罠〟から抜け出すために―』祥伝社、一九八四年。ダン・カイリー／小此木啓吾訳『ピーター・パン・シンドローム―なぜ、彼らは大人になれないのか―』祥伝社、一九八四年。木村治美、木村駿『ピーター・パンとシンデレラ』広済堂出版、一九八六年。

害側の中国大陸でも「慰安婦」をタイトルに使ったポルノ同様の本やＤＶＤが戦史のコーナーなどで売られている）。

女性解放に後追いした政策の経緯

女性解放の進展に伴い、女性の就業では、専門職・技術職としては、一九六〇年で六〇万人であったが、八一年で一八二万人となり、また事務職では、一七〇万人から四五七万人と増えた。業種別では、サービス業で一八四万人から四〇二万人と増えた。ただし、就業全体では、パートタイマーなどの不安定就業は男性よりも女性の方が多く、本人も兼業主婦として、長時間勤務を避け正規雇用は望まない傾向が強い。

それでも、一九七九年に国連総会で女性差別撤廃条約が採択され（八一年発効）、八五年に、日本は批准のため、男女雇用機会均等法を制定し（八六年施行）、また母親が日本人でも日本国籍が取得できるように国籍法を改正した。それとともに、学校における家庭科の男女共修が進められ、一九八九年から実施された。

男女雇用機会均等法は一九九七年に改正されて、女子保護規定が撤廃され（九九年施行）、さらに、九九年には男女共同参画社会基本法と女性差別禁止法が制定された。

この動向において、行政の部署名や文書では「婦人」を「女性」に改めるようになった（例えば青少年婦人担当を青少年女性担当）。そこには、「婦人」の「婦」は、「帚」のつくりに女へんで、女性を家事労働に結びつける言葉で使うべきではないという主張があった。さらに、「婦人」に対応する言葉が男性側にないという理由もあった。確かにトイレやデパートでは「紳士」が使われているが、「紳士」を行政で使うことはなかった。なお、そもそも、「女」の字自体も、く、ノ、一の三画で構成され、その中の「く」は膝を折り曲げて服従する形を表しているが、これまで問題とすると使える字がなくなるので、結局「婦人」を「女性」に改めることで終わったと言える（英語ではwomanは男＝人間のmanではないことを意味しておりpersonが用いられる）。

名称に関しては、二〇〇二年、男女共同参画の観点から同一内容の資格については男女同一とするため保健婦助産婦看護婦法が改正され、「保健婦・保健士」、「看護婦・看護士」、「准看護婦・准看護士」、「助産婦」が、それぞれ「保健師」、

「看護師」、「准看護師」、「助産師」と改称された。

また、女性の権利保障の意識が高まり、女性は次第に自分の被害を発言するようになった。男性支配では、被害を受けても、それを訴えれば却って一層不利になることがしばしばあるため、口を閉ざす女性が多かった。例えば、強姦や輪姦などの性暴力で、被害者の女性が警察に訴えても、男性の警察官から〝男の気を引いたからだろう〟、〝隙があったからだろう〟、〝自分も楽しんだろう〟などと対応され、性暴力で傷つくだけでなく、そのような対応で再び傷つくという「セカンド・レイプ」が多かった。しかし、この問題の告発を通して、被害者の女性の立場を理解して対応すべきであり、さらに、そもそも性暴力の被害を男性に語ることが女性にとって重大な心理的負担になるため、女性の担当者を配置すべきだと提起された。

次に、「売春」という言葉は、「売る」側の女だけを示しているが、男性優位の社会で、「買う」側の男こそが問題であるという問題意識から、「売買春」という言葉が使われるようになった。これにより、国内だけでなく、戦時下では性奴隷（sexual slave）の「慰安婦」、戦後は復興に伴い、韓国への「キーセン観光」、東南アジアへの「売春ツアー」と続いていた、性的快楽を買うことの暗黙の容認が揺らぎだし、売買春は女性の商品化、性的搾取であることの理解が広がった。さらに、未成年の場合、たとえ自分からすすんで「売買春」をしているように見えても、それはまだ理解が不十分なのであり、責任は男の方だけにあるとして、「買春」という言葉が使われるようになった。そして、この変化を通して、一九九九年に児童買春防止法が制定された。

さらに、性に関わる健康問題の広がりに対して、文部省から自治体を通して『未来のお母さん、お父さんのためにDiscover the Life』が成人式等で配布された。発行日は記載されていないが、二〇〇一年に文部科学省となる前の時期であった。その中の「ちょっと気になるデータファイル」では人工妊娠中絶、性感染症、エイズ、ダイエットの状況が述べられている。二〇〇一年には、厚生労働省から自治体を通して財団法人母子衛生研究会発行の『中学生のためのラブ&ボディBOOK』、『思春期のためのラブ&ボディBOOK』が配布された。

また、家庭の中にはなかなか法治主義が入り込めず、家庭内暴力を明らかにすることが難しかったが、これへの意識も次第に強まった。そして、二〇〇〇年に児童虐待防止法が施行され、その翌年に、配偶者間における暴力の防止及び被害者の保護に関する法律が施行された。

そして、ジェンダーに関しては、二〇〇三年七月一六日に性同一性障害者の性別の取扱いの特例に関する法律（ＧＩＤ特例法）が公布され（翌年同日に施行）、家庭裁判所の審判を経て法令上の性別の取り扱いを性自認に合致するように変更でき、戸籍上の性別記載も変更できるようになった。

しかし、これらの政策動向に対して、激しい非難や反対（バッシング）がなされている。特に、これは、「従軍慰安婦」問題を認めず、あるいは当時の〝商行為〟だと強弁し、歴史認識と歴史教育の美化や改竄に努めた保守的家父長的な立場の人々に見られる。そして、これらは新保守主義（ネオコン）と相関し、全体としてバックラッシュ（激しい逆行）と呼ばれている。

バブル経済と自我の肥大、欲望の膨張

女性が自分にあう仕事に就き、経済的に自立し、また愛するつれあいと家庭生活を営めても、妊娠や出産は避けられない。確かに制度的には企業で出産休暇が保障されていても、しかし、実際にとることは難しい。さらに、出産どころか、

結婚の段階で女性が退社することが慣例となっている企業さえ多く、それを強い意志で乗り越えて働き続けても、出産時に休まざるを得なく、それでも働き続ける女性は極めて少数である。

八〇年代にＤＩＮＫｓ（double income no kids、収入は二つで、子どもはいない）というライフスタイルが話題になった。かつては、老後を考えれば、世話をしてくれるのは子どもぐらいだから、どうしても子どもは必要だと考えたが、社会福祉の整備により、これがある程度まで解決されたことも、その背景にある。

以前から「共稼ぎ」という言葉もあったが、それは生活が苦しいので夫婦が共に稼ぐという意味あいが強く、これに対して、ＤＩＮＫｓはそれぞれが自分のために働き、相応の収入を得て、それを自分のために消費し、生活を楽しむという意味あいがある。主に高学歴で高収入の者どうしがＤＩＮＫｓと見なされた。自分で稼ぎ、自分で使うという、ムダのない思うままの生き方だと思われるが、しかし、それも寂しいものだという捉え方もあった。なお、ＤＩＮＫｓは敬遠し、また「共稼ぎ」は避けて、「共働き」と表現する者も現れた。このように夫婦が共に働くことを指す表現が増えたのは、家父長的な「男は仕事、女は家庭」の観念が弱まったことを示している。ただし、経済の低迷と少子化問題の深刻化に伴い〝仕事はできても、三〇歳を過ぎて未婚で子なしは負け組〟が語られるようになるが、これは二一世紀以降である。

ここでは、「バブル（地価や株価が実体以上に膨張）」において、ＤＩＮＫｓに見られた〝自分のため〟、〝楽しむ〟という傾向に拍車がかかり、自我が膨張し、欲望が肥大化したことを述べる。この傾向に流されない者も確かにいたが、全体として自我の膨張、欲望の肥大化が進んだ。臆面もなく「三高（高学歴、高収入、高い身長）」の男を求める女が現れて話題になった。若い男女が、普通の仕事をしていれば居住不可能な広い部屋のあるマンションで様々なやりとりを繰り広げる「トレンディ・ドラマ」がはやり、そこで人気の出た女優の「ワンレングス（真っ直ぐに同じ長さに切りそろえた髪型）」のヘアスタイルと、身体にピッタリと合った「ボディコンシャス」[*9]のファッションで、大げさな内装と音響効果のあるディスコの「お立ち台」で、派手な色の〝扇子〟などを持って踊り、その女に男が、いい食事をおごり、いい車で送ることがもてはやされた。このような女は「ワンレンボディコン」、その目指すのが「ワンレングスにお立ち台」、そのトップが「ディスコ・クイーン（客寄せで店と契約しているのもいた）」、そのような女に高級料理をおごる男は「メッシー（飯にかけた）」、高級車で送る男は

＊9　当時、ポストモダンの思潮に伴い「身体」、「身体性」が注目され、〝思考や精神を「身体」ともっと密接に関連させて理解しなければならない〟という文脈で「ボディコンシャス」という概念が使われた。前後してヨガやエアロビクスが流行しており、一九九五年三月二十日に「地下鉄サリン事件」を起こした「オウム真理教」は、ヨガ教室で信者を勧誘したことが話題になった。

「アッシー（足にかけた）」と称された。当時は、高級ブランド嗜好もまっ盛りであった。

そして、このような女が「ガール」ではなく「ギャル」と呼ばれ、従来の規範から出て自分を打ち出すと騒がれた。また、年輩の男性のふるまいと考えられたことを行う「ギャル」は「おやじギャル」と称された。既存の固定的なジェンダーの区分が超えられるようになったと言えるが、そこには自我の肥大、欲望の膨張があった。その帰結の一つに新婚旅行だけで別れる「成田離婚（成田空港に着いて離婚）」があった。さらに、この傾向は年齢が低下して、「ギャル」のような少女は「小ギャル」と呼ばれた。なお、この時期に、二言語を母語とする（母語同様に使える）若い女性の活躍が話題になり、「ギャル」と「バイリンガル」をかけて「バイリンギャル」という造語も使われた。

性の自由な表現から快楽依存の助長

戦前は、言論統制により政治的思想的な体制批判だけでなく、猥褻とされた表現も弾圧された。戦後の民主化により、言論統制が大幅に縮小されたが、一九五〇年、『チャタレー夫人の恋人』（D．H．ロレンス、伊藤整訳）が、そこにおける性の描写のために起訴され、猥褻か表現の自由かが争点とされ、一九五七年に最高裁は猥褻で有罪とした。しかし、世情やサブカルチャーでは、かえって性の描写への関心が高まり、その要求は高まっていった。

一九五五年、当時大学生の石原慎太郎（その後国会議員や東京都知事）は「太陽の季節」で芥川賞を受賞し、これは翌年に日活により映画化された。そこでは、湘南海岸でグループをなしておしゃべりし、酒を飲み、歌い、徹夜で遊ぶ都会の青年の生態が描かれ、その中で、主人公が想いを寄せる女性のいる部屋の障子を男根で突き破る描写が話題になった。

一九六二年、「肉体の市場」（協立映画）が封切られ、「ピンク映画」として話題を集めた。次いで一九六四年、田村泰次郎のベストセラー小説を映画化した「肉体の門」（日活）が封切られた。確かに、そこでは人間性や社会問題の追求があるが、一般的には快楽と争いの刺激で注目されていた。当時、私は九歳で、思春期前だったが、地方の小都市（群馬県桐生市）の路上に貼られていたポスターを、一緒に歩く親に気づかれないように盗み見していたことが、今でも記憶に残っている。自然とこのポスターに気づいたのではなく、周囲で「ピンク映画」として話していたために「肉体の門」の名前に好奇心が起きて、罪悪感を抱きながら盗み見ていたと言える。

既に一九六一年に非商業的な芸術映画の振興のためにＡＴＧ（アート・シアター・ギルド）が発足し、低予算でも意欲的な独立プロ系の作品を制作するなどの努力がなされたが、このような傾向が強まった。テレビの普及に抗せず、映画産業全体が斜陽化し、沈滞した。その中で、一九七一年から日活は「日活ロマンポルノ」と称してポルノ映画で観客を得ようとする路線をとった。松竹は一九六九年から「男はつらいよ」のシリーズを始め、ヒットを繰り返していたが、日活は性的刺激によって興業収益を上げようとする選択を行った。なお、東映は暴力・攻撃・闘争の衝撃を刺激するヤクザ映画の路線を取った。

他方、テレビでも性表現が深夜放送から早い時間帯の放送へと拡大した。視聴率の競争の中で、性的な刺激は視聴者を増やす有効な手段として利用され、性的な会話、水着姿の女性、半裸体、ヌード、乳首を隠した乳房等々、次第に性的な刺激を強めた番組が制作された。映画とテレビが競いあう相乗効果で性的刺激がますます強まった。

確かに「日活ロマンポルノ」では、「ロマン」を付けて、単なる「ポルノ」ではないように示しているが、それが却って「ポルノ」映画を見るための釈明となった。このようにして、以前は心理的抑制が作用していた「ポルノ」という言葉が、いくぶん口に出しやすくなった。

この変化は、一九七九年にデビューした若い女性二人組の「ピンクレディー」でも認められる。「ピンク映画」を連想させる「ピンク」が、日常的にテレビやラジオから、目に見え、耳に入るようになった。確かに、「ピンクレディ」の衣装はセクシーだが、歌詞は決して扇情的ではない。いわば「ピンク」の名前で注目を集めながら、歌や演技は当時の道徳的規範の許容範囲にとどめて人気を得ていったと言える。

八〇年代には家庭用ビデオ機器が普及し、視聴覚に強く性的刺激を与える「アダルト・ビデオ」が生産され、これにより、人目を気にしてポルノ映画を見る必要がなくなった。かくして「ロマンポルノ」の路線は行きづまった。さらに、ビデオだけでなく、パソコンも普及し、ＤＶＤやインターネットでも個別的にリアルで激しい性表現を享楽できるようになると、却って、映画、テレビ、週刊誌の性表現はいくぶん緩和された。快楽の利用の場が移行したと言える。このようにして、個室で性的快楽を得ることができ、性的依存が強まり、独立した人格を以て積極的に生きるよりも、快楽に耽溺して自閉的に生きる傾向が現れた。

なお、一九九九年に「ポルノグラフィティ」がデビューし、人気が出た。「ピンクレディ」と同様に、歌詞は扇情的ではないが、「ポルノグラフィ」と「グラフィティ」を合わせた名前を声に出すときは「ポルノ」がしっかりと発音され、その曲の放送ではテレビやラジオから公然と「ポルノ」を聞かされることになった。これは、付随的にマスメディアが公然と「ポルノ」という言葉を伝播している効果をもたらした。私が思春期を過ごした一九六〇年代では、「セックス」や「性」さえ密かに恥ずかしさを抑えて口にするのが一般的（桐生という地方都市だが）であった。全く隔世の感があるが、これについては、心理的な抑圧がなくなったのか、あるいは、厚顔無恥が広がったのか慎重に考える必要がある。

性的依存と思春期の荒廃

性的刺激の激化には、大衆的週刊誌や漫画週刊誌も大きな役割を果たした。まず、大衆的週刊誌について見ると、一九五六年に『週刊新潮』が発刊し、五八年に『女性自身』、『週刊明星』、五九年に『週刊現代』、『週刊文春』、『週刊平凡』、六四年に『平凡パンチ』、七五年に日本版『プレイボーイ』と続き、特に『平凡パンチ』と『プレイボーイ』が契機となった。そして、これが他の大衆的週刊誌に影響し、性的表現が拡大していった。ただし、それ以前から、女性向け雑誌の健康や妊娠・出産などの部分は性的好奇心から読まれていた。

その過程で、実直に勤勉に潔癖に禁欲的（ストイック）に生きる姿勢は〝カッコワルイ、ダサイ〟とされ、青少年が影響された。例えば、従来は男子生徒・学生にとって詰め襟の学生服が当たり前だったが、それでは〝モテナイ〟というように情緒や美感が変わった。同時に、女性に〝モテル〟のは柔弱（軟派）とされたのが、そのような考えは時代遅れだと価値観も変わった。

次に、漫画週刊誌について見ると、一九五九年に『少年マガジン』と『少年サンデー』が発刊した。そして、六八年発刊の『少年ジャンプ』で永井豪の「ハレンチ学園」が連載された。それは、少女のスカートをまくるという「ハレンチ」な行為を売り物にして人気を高め、少年の中には実際に行う者がいた。さらに「スカートまくり」が流行る学校さえあった。同年の流行語には、「昭和元禄」、

「ゲバルト（ゲバ）」とともに「ハレンチ」があった。当時、「破廉恥」という日常では使われない熟語をカタカナで「ハレンチ」と表記し、既存の価値観を破壊する（実際は性的規範を破り欲望を満足するだけ）ことを「恥ずかしげもなく」という意味に重ね合わせて使っていた。「ハレンチ学園」は、このような風潮に乗じ、かつ増幅させた。七三年には、発行部数で『少年ジャンプ』は『少年マガジン』を抜き、首位になった。そして、この風潮の中で育った子供の中で、安易に欲望を膨張させた者が、七五年に〝すさんだ青春〟を送るようになった。フロイトが「セクシュアリティに関する三論文」で性的早熟と倒錯の関連を指摘していたことが想起される。

一九七五年七月一〇日付朝日新聞夕刊では、「広がる〝すさんだ青春〟」の見出しで、全国で「乱れた『性』千人を補導」、「女子中高生罪悪感もなし」、「今年になって目立ってふえている」と報道され、岐阜、大阪、徳島、新潟、東京の事例が紹介されている。さらに、同月には山梨でも「女子高生不純異性交遊事件」が起きた。ただし、「当時、関係高校の女子高生は制服を着て歩けなかったという」ように、[*10]「ハレンチ」が流行語になった後でも、地域や人間によっては性的羞恥心がまだ強く残っていた。

＊10 『野村生涯教育だより』二四八号、二〇〇五年十月、四頁。

青年学生運動の衰退と性欲の利用

先述の漫画週刊誌は、いずれも「少年」を主な対象としていたが、漫画を楽しんで育った者は、青年になっても漫画から離れられず（依存し）、こうして青年を対象にした漫画（多くは劇画と呼ばれた）が多く作られるようになった。その中で、七二年から『週刊漫画アクション』に連載された「同棲時代」（上村一夫）では、結婚せずに同棲する都会の青年が描かれ、ヒットした。[*11] また、一九七三年秋、南こうせつとかぐや姫のグループが、「同棲時代」と共通する若い男女の同棲をモチーフにした「神田川」を歌い、やはりヒットした。これらは、家父長的な恋愛観、性道徳、結婚観に変化をもたらした側面もあるが、また、闘争に敗れ、運動が停滞する中で挫折感、喪失感、倦怠感が現れだした青年に、一種の癒しを提供したとも言える。なお、私は、七二年に田舎の高校生から大都市の浪人になり、七三年には大都市の学生となって、まさにこの変化の渦中にいた青年だったが、勇気がなくてついて行けず、またチャンスもなかった。

この時期に、三S（セックス、スポーツ、スタディ）で青年のエネルギーを

＊11　これは翌年「アクションコミックス」として双葉社から出版。二〇〇五年にはブッキングにより全三巻で復刊。

＊12　川上徹『査問』ちくま文庫、二〇〇一年参照。

政治から逸らせようとする動きが現れた（戦略として進められたとも推測できる）。確かに、他にも「内ゲバ」や共産党の青年学生運動における「新日和見主義」批判[*12]など様々な要因が挙げられるが、青年に政治的無関心（アパシー）が広まる時期と、様々な青年向けの娯楽や快楽が現れた時期は重なり合っている。

そして、九〇年代には大学の「レジャーランド化」が指摘されるようになった。大都市の大学では、サークルの勧誘と称してディスコを借り切り、そのパーティー券を売って人を集める風潮が現れた。それをうまくやれば、金を手にして性欲も充足できた。これは「合コン（合同コンパの略）」でも同様で、そう称しながら、一晩の性欲を充足させる相手を見つけることが行われた。二〇〇三年六月の学生たちの組織的性暴力事件である「スーパーフリー」事件は、その所産と言える。

性欲の利用の一般化と性的依存の拡大

青年向け漫画は青年コミックと呼ばれ、それを主とした雑誌がいくつも発刊さ

＊12　川上徹『査問』ちくま文庫、二〇〇一年参照。

れた（例えば『ヤングジャンプ』は一九七九年六月）。そして、次第に性描写が激しくなり、この傾向は、レディスコミック、少年コミック、少女コミックへと広がり、「快感フレーズ」が話題にさえなった。

さらに、少年期、青年期と漫画で楽しみ、かつ依存して大人になった者をも対象にした漫画雑誌が出版された。『ビジネスジャンプ』はサラリーマン向けに一九八五年に創刊され、かくして、『少年ジャンプ』、『ヤングジャンプ』、『ビジネスジャンプ』と、集英社は漫画雑誌で少年期、青年期、成人期のライフコースを提供するまでになった。ただし、セックス、芸能、スキャンダル、スポーツなどの娯楽を中心としたスポーツ紙や夕刊紙も現れ、性描写に関しては、これらの方が強い。いずれにせよ、性欲の利用が青年から成人にまで広げられ、一般化したと言える。

『夕刊フジ』は一九六九年二月二五日の創刊だが、『日刊現代』が一九七五年一〇月二七日に創刊（日付は一〇月二八日）されると、競争が生まれ、次第に内容が刺激的になった。八〇年代になると、通勤電車などで、以前ではポルノとされたような描写やイラストや写真のある紙面を、身近にたくさん乗客に囲まれても読むようにさえなった。

これは夕刻の通勤電車だが、朝ではスポーツ紙で同様の状況が見られた。なお、スポーツ紙は、同じ号でも二種類あり、駅売りなど外で買う号ではポルノ同様の性描写が掲載されるが、宅配の号にはそれはなかった。

この他に、写真雑誌が創刊され、やはりヌード写真が話題になった。その一つの『Focus』は、一九八三年には一〇〇万部を突破した。そして、陰毛の表現（ヘア・ヌード）も許容されるようになり、一般の週刊誌でも掲載されるようになった。混み合った通勤電車でもヘア・ヌードを見ることができ、実際そうしている者もいた。無神経な者が増えたこともあろうが、それだけでなく、人目を気にするよりも、見ないではいられないという依存が強まったとも言える。

ただし、視聴者、読者、観客の増加のために性的刺激が利用されても、しばらく続けば慣れて効果が低下する。そのため刺激をさらに強めるが、それにも限界がある。しかし、もう一つの本能に強烈に作用する刺激である暴力と合わせると、なお高めることができる。このようにして、様々なメディアでサディズム・マゾヒズム（両者を合わせた用語はアルゴラグニー algolagnie）が利用され、それだけ依存も強まるようになった。[*13] その後の、性犯罪や幼児殺傷の事件は、その帰結とも言える。

＊13　ここで「有害情報」の捉え方は参考になる。それは、性的な衝動や感覚を過度に刺激する、暴力や残虐性を過度に表現する、差別や偏見や敵意を助長するの三つに分類でき、いずれも人を傷つける暴力的な情報である。性には快楽だけでなく、暴力的な性質もあることを軽視すべきではない。

また、一九八〇年代に心臓病や高血圧の治療薬として開発されたバイアグラが性的不能や衰えに効果があるとして使われるようになった。そしてこれが媚薬・催淫剤として話題になったが、性的依存の治療につながるかは疑問である。

短いスカートの「生脚《なまあし》」とマスメディアの影響

一九九〇年代半ばから女子高生に「ルーズ・ソックス」が流行し、短くした制服のスカートと組み合わせて「生脚《なまあし》」を見せるようになった。この「生脚」という造語は「素足」や「裸足」と違って、性的なイメージを連想させるところがあった。

女子中高生の制服のスカートでいえば、管見（社会学的な観察）ながら、東京、大阪、名古屋、福岡などの大都市では長さはまちまちだったが、地方では短かいものが極めて多くなった。それは画一的と言っても過言ではなく、マスメディアの影響と捉えられる。[*14] 確かに、私がいた秋田の場合、ミッション系の女子中高生はそれ程ではなく、他校でも全員が短いとまでは言えないが、それでも、

＊14　ただし、同時期の白髪に近い金髪で「ガングロ」は大都市に限られたと思われる。「ガングロ」は「顔（ガン）を黒（グロ）くする」異様で奇矯なメイクで「コギャル」に広がり、また、奇抜なファッションで人気を集める者が「カリスマ」としてもてはやされていた。なお、私が秋田にいたころは、「ガングロ」は一人だけいて、評判になっていた。

次のような景観が現れた。

私は普段は徒歩の通勤だが、老母が朝早く病院へ行くために車で送るときには、視線の低い窓からミニスカートにした制服の少女がズラッと行列をなして登校する様子をしばしば目撃した。ハイティーンの「生脚」の太股が目の前に並んで行くあり様は言葉に表しがたい。

さらに、若い女性のファッションで下着を見せる（見せつける）ものさえ現れ、夏の制服の場合、色の濃い下着で輪郭を際だたせている女子校生を見かけたこともある。そのため、ときおり中年男のセクハラや買春が報道されるが、ある種の時代の犠牲者という感じを抱いた。私自身も十年若ければある種の動揺があったろうが、もう四十半ばを過ぎていたので〝何だこれは〟と呆れるだけだった。

ただし、下着に加えて短い体操着を着用してミニスカートをはいて、気軽に足を開いて坐ったりする少女も増えた。私は外国人から日本の女性は何故あのように内股であるくのかと尋ねられたことがいく度かあり、日本では女性は足を開くことを心理的に抑圧されてきたと言える。この点で、その抑圧された身体性（ピエール・ブルデュを援用すれば身体のハビトゥス＝構造的習性。『実践感覚』みすず書房、および前掲『男性支配（*La domination masculine*）』参照）から日本女性が解放されたと言える。

性的搾取と思春期の荒廃の激化

性欲はバブル期に膨張した物欲により一層激化し、メディアの疑似体験ではなく、また、売買春の商売でもなく（女性の商品化）、いわば〝素人〟の刺激を求めるようになった。そして、これを容易にできる対象として、未成年で判断力の未熟な少女がターゲットとされるようになった。女性の地位向上の動勢の中で積極性の強まった少女が、いわば〝逆手〟にとられたということもできる。

以前から（先述の三S以降と思われる）、芸能ではなく容姿で売り出した「アイドル」が作られ、それを「オナペット（オナニーのためにペットのように愛好するご」とする風潮が現れ、次いで「アイドル」になれなくともヌード写真やアダルト・ビデオでマスメディアに登場する少女たちが作られた。そして、自分の身に付けた衣類を、性欲の充足に利用されると分かっていながら売る「ブルセラ

（ブルマーとセーラー服）」が現れ、勉学を象徴する制服がセックスアピールを発揮するようにさえ変えられた。さらに自分の肉体を買わせる「援助交際（エンコウ）」、それを組織的に行う「テレクラ（テレホンクラブ）」、「デリヘル（デリバリーヘルス）」が広がった。こうして、少女の容姿、ヌード、身に付けた衣類（少女を示す制服から下着まで）、肉体というように商品化が進んだ。

しかも、当の少女は臨時収入やアルバイトのように思いこみ、人生が荒《すさ》んで台なしになるなどとは考えずに、むしろ喜ぶのであった。確かに、バブルの風潮やマスメディアの姿勢にも問題があった。八十年代半ばに「不倫」が流行語となったが、それは自由や女性の積極性の文脈で使われ、背信の問題はかえり見られることが少なかった。さらに、以前なら「アバズレ」と見なされるような振るまいが、むしろ「小ギャル」ともてはやされた。「援助交際」は少女の〝自立〟の文脈でしばしば使われ、女衒《ぜげん》や遣り手婆に当たる者が「スカウト」と称された。「テレクラ」や「デリヘル」というカタカナ造語も、買春をカモフラージュし、少女をおだて、罪悪感を軽減する効果を持っていた。[*15]

このような意味で、バブルで膨張した欲望に駆られた大人たちが暗黙のうちに結託して、少女を誘い込み、性的搾取を行ったと言うことができる。しかし、い

＊15　これは日本だけでなく、かつて世紀末へと進むフランスで、demi-monde という造語が現れた。直訳すれば「半世界」で、いわば一般の社会と裏社会（犯罪社会）とが半々にある境界的な社会を意味している。インターネットで検索すると「裏社交界」、「花柳界」の訳がある（二〇〇六年一月現在）、そこで売買春を行う女性は demi-mondaine（裏社交界の女）と称された。

くらカモフラージュしても、現実に問題は深刻化し、少女の若年妊娠や母子家庭、若者の性感染症や感染性エイズは拡大した。さらに、身体だけでなく、心理社会的な問題として、育児放棄、児童虐待、幼児殺害が続発し、家庭内暴力は凶悪化した。確かに、様々な要因があろうが、性的搾取により荒廃した思春期を過ごした少女や、その影響を受けて成長した少年が、母や父になっても家庭をつくれず、また子育てを担いきれず、自らの手で壊してしまうケースが増えたと言える（本書、九八頁参照）。

孤独な思春期

これまで述べてきた問題は子どもに現象しているが、しかし、子どもに問題があるのではなく、子どもは基本的に被害者である。「ガングロ」、茶髪、ミニスカートなどは人目を引く自己顕示であり、それは軽視され、無視されることに対する反発や居直りでもある。原初、化粧は防衛や威嚇のためでもあったことを考えれば、子どもの派手でどぎつい自己顕示は防衛や威嚇と裏腹であることが分かる。そして、子どもが防衛や威嚇をするのは、搾取されないためである。しかし、これで人を寄せつけなければ孤独になる。

孤独は「援助交際」という買春でも認められる。子どもがそれに走るのは、〝どうせ家では厄介者で、学校ではバカにされ、卒業しても大した人生を送れずオバンになるのだから、せめて中学・高校の時くらいはカワイイねとチヤホヤされたい。今しかない〟という考えがある。浅薄だが、真剣である。彼女たちは、一つひとつの体験をしっかりと記憶し、また几帳面にメモをする。それは、「援助交際」を快楽や金銭のためではなく、人生の輝く想い出として大切にしているからである。これは、警察が深夜徘徊等で補導した少女から得る情報が「買春」の相手を割り出して逮捕できるほど正確で詳しいという場合がいくつもあることに示されている。

むすび

マジョリティ（多数派）を形成する異性愛の人々が、特に性的な搾取に走る異性愛者たちが、以上の問題をもたらしたとすれば、マイノリティ（少数派）の真木さんが真摯に自らのセクシュアリティのあり方を正視し、それにあった生き方を創りだしたことは注目すべきである。セクシュアリティの自由の拡大の中で膨張した欲望に溺れず、また浮薄に流されず、真木さんは真摯な姿勢を保ち、自分のセクシュアリティにあった自我を形成してきたと言える。それは変化しつつ変革するセクシュアリティを通した自己形成といえる。また、だからこそ、辛く苦しい試行錯誤を経て自分の生き方を方向づけることができただけでなく、さらに、その体験に基づいて他の人々を支援するようにもなったと言える。

しかも、その支援には、他者を思いやり、力づけ、前向きに生きるようにすすめる働きもあり、これは広い意味で人を育てる営みである。このような意味で、真木さんは自分の産んだ子どもを育ててはいないが、マクロ的な視点から見れば他人の産んだ人たちを育てていると言える。私はこれをセクシュアリティを止揚した一種の博愛、人類愛として見ても過大評価ではないと考える。だからこそ、教育学専攻の私は真木さんにインタビューしたのである。

著者略歴

真木　柾鷹（まさき　まさたか）

1966年生れ。幼少時より自覚する性別が〝女の子〟ではないことに悩みながら〝女性〟として生きることを模索するが、20才を過ぎた頃から心理的ストレスが身体のストレスとなって現れ、月経前緊張症を発症。ピルや漢方薬など、女性ホルモンのバランスを調整する治療をするが症状は悪化を辿る。
97年に埼玉医大の答申で〝性同一性障害〟を知り、男性ホルモンによる治療を選択。外見が男性化したことからジェンダーを男性に変更し、トランスジェンダーとしての生活をスタート。一般的に知られる性転換症と違い、身体の性に対する違和感は弱く、性別適合手術などは希望していない。1998年に発足したESTOの代表として、〝多様な性を生きる人々〟のサポートを続けている。

【寄稿】

・『季刊セクシュアリティ17号』－性のアドバイザー講座－　エイデル研究所　2004年〝性的マイノリティの子どもの援助 「ESTO」の活動から〟
・『性同一性障害30人のカミングアウト』監修 針間克己、編著 相馬佐江子　双葉社　2004年
・電子ジャーナル 「INTERSECTIONS」12号（2006年1月号）
・特集「QUEER JAPAN」『性同一性障害30人のカミングアウト』から翻訳が掲載
http://wwwsshe.murdoch.edu.au/intersections/issue12_contents.html

山田　正行（やまだ　まさゆき）

1953年、群馬県桐生市生まれ。東京大学大学院修了、教育学博士。ＮＰＯ法人アウシュヴィッツ平和博物館理事長（福島県白河市）、ポーランド共和国功績勲爵十字勲章叙勲。著書に『アイデンティティと戦争』（グリーンピース出版会）、『希望への扉－心に刻み伝えるアウシュヴィッツ』（同時代社）がある。

トランスジェンダーとして生きる

2006年6月30日　初版第1刷発行

編著者　真木柾鷹・山田正行
装　幀　いりす
制　作　いりす
発行者　川上　徹
発行所　同時代社
〒101-0065 東京都千代田区西神田 2-7-6
電話 03-3261-3149　FAX 03-3261-3237
印　刷　モリモト印刷㈱

ISBN4-88683-579-1